AF561775

Schirner
Verlag

Jeanne Ruland &
Sabine Brändle-Ender

Heiraten mit Licht und Liebe

Hochzeitsrituale und Segenszeremonien für eine freie Trauung

Dieses Buch enthält Verweise zu Webseiten, auf deren Inhalte der Verlag keinen Einfluss hat. Für diese Inhalte wird seitens des Verlages keine Gewähr übernommen. Für die Inhalte der verlinkten Seiten ist stets der jeweilige Anbieter oder Betreiber der Seiten verantwortlich.

ISBN Printausgabe: 978-3-8434-1459-3

ISBN E-Book: 978-3-8434-6447-5

Jeanne Ruland &
Sabine Brändle-Ender:
Heiraten mit Licht und Liebe
Hochzeitsrituale und
Segenszeremonien
für eine freie Trauung

Umschlag: Elena Lebsack,
Schirner, unter Verwendung von
168554693 (© EpicStockMedia),
www.shutterstock.com
Layout: Elena Lebsack, Schirner
Lektorat: Kerstin Noack-Zakel &
Natalie Köhler, Schirner
Printed by: Ren Medien GmbH,
Germany

www.schirner.com

überarbeitete Neuausgabe 2021 – 1. Auflage Februar 2021

*Wir widmen dieses Buch allen Paaren,
die getraut werden oder nach langjähriger
gemeinsamer Zeit noch einmal aus vollem
Herzen Ja zueinander sagen möchten.
Möge die Liebe euch führen, segnen und tragen.*

Inhalt

Vorwort

von Jeanne Ruland

Wir sind mit allem verbunden.
Unsere Liebe begann, lange bevor wir geboren wurden,
und überdauert den Tod,
da sie aus dem Raum der Ewigkeit stammt.
Liebe führt uns zusammen, Liebe trägt uns,
und Liebe wird uns wieder zusammenführen,
um uns zu erinnern,
um uns zu erwecken, um uns zu inspirieren,
damit wir über uns hinauswachsen.
Sie wird sich immer und immer wieder erneuern,
denn sie ist die Grundenergie der Schöpfung.
Im Raum des Herzens sind wir frei.
Achtet auf den Fluss der Liebe,
des Friedens und der Einheit.

Ich habe schon viele wundervolle Segenszeremonien miterlebt und mitgestaltet. Jedes Mal war ich zutiefst berührt, wenn sich Menschen aus dem Raum ihres Herzens in Liebe miteinander verbanden und Ja zueinander sagten. Wenn die Liebe selbst zu Wort kommt, trägt sie uns, denn sie hat uns zusammengeführt.

E Lei aku, oe ku'u aloha
I ko'oula nou i kahi mehemeha.
Trage meine Liebe als einen Blumenlei,
der dich umhüllt und überallhin begleitet.
(Hawaiianisches Sprichwort)

Es gibt wohl kaum etwas Bewegenderes als zwei Menschen, die sich in Liebe begegnen und viele andere an ihrem gemeinsamen Glück teilhaben lassen. Die Hochzeit ist die hohe Zeit der Liebe. Das Ja zueinander setzt das Ja zu sich selbst voraus.

Aus eigener Erfahrung kann ich sagen, dass es einen Unterschied macht, ob ein Paar in einer Beziehung, in wilder Ehe, zusammenlebt oder sich vor einer Gemeinschaft in einer Zeremonie zueinander bekennt. Eine solche Zeremonie, wie auch immer gestaltet, verändert die Situation grundlegend. Es ist oft nicht in Worte zu fassen, was auf anderen Ebenen geschieht, wenn man sich aus Liebe füreinander entscheidet. Etwas Größeres entsteht.

Es ist, als ob eins plus eins drei ergäbe und nicht mehr zwei. Ein lebendiges Ehewesen wird geboren, eine Plattform, die Kinder, Projekte, Gemeinschaft und innigste Hingabe zueinander tragen kann. Wir heiraten nicht nur einen Mann oder eine Frau, sondern eine ganze Familie und setzen die Ahnenlinien, die vor Urzeiten begonnen haben, auf neue Weise fort.

Aus zwei wird eins, die Dunkelheit, sie ist vergangen, die Sonne geht auf, ein neuer Tag bricht an.

Die Hochzeit ist der Beginn von etwas Neuem. In der Zeremonie sind viele Themen eines Paares schon erkennbar. Bewusst gestaltet, kann sie den Verlauf der gemeinsamen Reise erheblich verändern, beeinflussen und neu ausrichten.

Dieses Wissen aus zahlreichen Segenszeremonien möchte ich gemeinsam mit Sabine Brändle-Ender, einer erfahrenen Wegbegleiterin mit viel Herz, deren Hochzeitszeremonie ich begleiten durfte, in diesem Buch der Welt zugänglich machen, in dem Wunsch, dass überall kleine Paradiese entstehen, der Brunnen der Liebe sprudelt, Kinder behütet und geliebt groß werden können, Menschen Trost und Halt finden, gemeinsame Lebensaufgaben sich erfüllen und Menschen auf der Pilgerreise durch das Leben aneinander und miteinander wachsen können. Die Ehe kann ein Wachstumsbeschleuniger sein, da wir in ihr einen Spiegel finden, der uns direkt die in den Tiefen verborgenen Schatten, Fähigkeiten und Talente spiegelt, wie es nichts anderes vermag. Gemeinsam können wir Herausforderungen wagen, Ruhe und Liebe finden, in guten wie in schweren Zeiten. Sabine Brändle-Ender und ich haben dieses Buch frei gestaltet. Jede von uns hat andere Aspekte der Segenszeremonie beleuchtet.

Wir wünschen viel Segen, Inspiration und neue Wege in ein freies Bewusstsein der Liebe.

Teilt und krönt eure Liebe, aber verschenkt nicht eure Herzen.

Jeanne Ruland

Vorwort

von Sabine Brändle-Ender

Wir haben uns
getraut,
sagen Ja
zueinander, füreinander,
Wunder geschehen,
zwei Seelen haben sich wiedergefunden
und feiern den Tanz des Lebens
auf dem Weg ins Licht.

Diese Worte kommen mir in den Sinn, wenn ich an unseren hohen Tag denke. Die Erinnerung daran berührt mich tief. Ich kann mich Jeanne Ruland nur anschließen, wenn sie schreibt, dass es oft nicht in Worte zu fassen ist, was an solch besonderen Tagen passiert. Für mich war es ein unbeschreiblich wertvolles

Geschenk, in einer solchen Zeremonie um den Segen für unsere Ehe zu bitten und dieses Ja zueinander vor der Gemeinschaft und der Geistigen Welt zu bekräftigen. Dieser Schritt war wie der Beginn eines neuen Weges, er veränderte uns und unser Paar*sein*. Seit diesem Tag ist nun schon einige Zeit vergangen, und ich durfte inzwischen auch auf der anderen Seite des »Altars« stehen und hatte die Ehre, selbst Zeremonien zu leiten. Immer mehr Menschen sind auf der Suche nach Alternativen zu den bestehenden Formen der Eheschließung. Dieses Buch soll für all jene Anregung und Einladung sein, solche Rituale selbst zu gestalten. Wobei es mir wichtig ist, zu erwähnen, dass dieses Buch keinen Anspruch auf Vollständigkeit und absolute Wahrheit erhebt. Es geht auch nicht darum, zu sagen, dass alles andere und Bisherige verkehrt sei und man Bewährtes über Bord schmeißen solle. Nein! Vielmehr gilt: Kein Entweder-oder, sondern ein Sowohl-als-auch. Es geht darum, Verbindungen zu schaffen von bisher Bewährtem und neu Entstandenem, in Achtung, Liebe und Respekt.

Lasst euch inspirieren, und seid kreativ. Verbindet altbewährte Formen mit neuen Wegen, und schöpft aus der Quelle der Liebe.

Viel Segen
Sabine Brändle-Ender

Über dieses Buch

Heirate nicht, um Liebe zu finden, heirate, wenn du zu lieben bereit bist.
(Hawaiianisches Sprichwort)

Liebes Brautpaar, wir sind glücklich und freuen uns, dass ihr dieses Buch in den Händen haltet. Vielleicht ist es auf eurer Suche nach unkonventionellen Wegen, sich trauen zu lassen, zu euch gelangt. Oder äußere Umstände erlauben eine Trauung im großen Kreis gerade nicht, und ihr sucht nach Alternativen im kleinen Kreis. Vielleicht gehört ihr aber auch zu den Menschen, die wie so viele nicht mehr in religiösen Gemeinschaften leben und sich dennoch ein Ritual wünschen, das zu ihrem Lebensstil und ihren Wertvorstellungen passt. Oder ihr seid längst verheiratet und möchtet ein weiteres Mal von Herzen Ja zueinander sagen oder mit einem persönlichen Ritual euer Fest erweitern. Dann ist dieses Buch für euch gedacht.

Segenszeremonien stellen dabei keinen Widerspruch zu herkömmlichen Wegen dar, ganz im Gegenteil können sie diese wunderbar ergänzen. Eine Segenszeremonie für Paare entspricht einer frei gestalteten Hochzeitsfeier. Ihr könnt standesamtlich heiraten und zusätzlich zur kirchlichen Hochzeit oder anstelle dieser eine Segenszeremonie durchführen. Ihr Sinn ist der gleiche wie der einer »klassischen« Hochzeit, nur, dass sie von Freunden, lieben Menschen und euch selbst individuell gestaltet wird.

Wenn ihr schon lange verheiratet seid, ist es möglich, dass ihr das Ja zueinander erneuert und die bisher verbrachte gemeinsame Zeit mit allen Höhen, Tiefen und Herausforderungen, die ihr gemeistert habt, segnet. Im englischsprachigen Raum ist dies unter dem Begriff »wedding revival« (Hochzeitserneuerung) bekannt und sehr beliebt. Doch auch hierzulande hat sich der Trend durchgesetzt. Immer mehr Paare entscheiden sich mutig für eine eigene Zeremonie und ein erneutes Ja zueinander.

Mit diesem Buch laden wir euch dazu ein, euer eigenes, ganz persönliches Segensritual zu gestalten. Es enthält ein ausführliches Geleitwort über die Paarbeziehung, den gemeinsamen Weg und das Ja zu sich selbst und zueinander. Jedes Paar hat ein eigenes Wesen, Dinge, die es verbindet, miteinander teilt und miteinander geschaffen und aufgebaut hat. Segenszeremonien können zum Beispiel im hawaiianischen, indischen und keltischen Stil gefeiert werden, ganz in der Art und Weise, die für euch am stimmigsten ist. Darüber hinaus findet ihr in diesem Buch wunderbare Anregungen, praktische Anleitungen und Erfahrungsberichte. Wir, Jeanne Ruland und Sabine Brändle-Ender, haben bereits einige tief bewegende Segenszeremonien für Paare, die sich das Jawort gaben oder ihr Ja zueinander nach 20 oder 30 Ehejahren erneuern wollten, geleitet. Aus eigener Erfahrung teilen wir mit euch, wie ihr eure Zeremonie aufbauen könnt, auf was es ankommt und wie sie zu einer wunderbaren und einmalig berührenden Herzensangelegenheit werden kann. Darüber hinaus erwarten euch viele wertvolle Informationen, Ablaufpläne und Impulse, damit eure Liebe auf eurem gemeinsamen Weg einen besonderen Segen erfährt.

Alles Liebe
Jeanne Ruland & Sabine Brändle-Ender

Das Ja zueinander – Verschiedene Blickwinkel auf ein heiliges Versprechen

Das Rad des Jahres – die Bedeutung der Ehe im Lebensverlauf

Das Leben verläuft in Kreisen und Zyklen. Jede Lebensphase ist geprägt von einer ganz besonderen Kraft und einer eigenwilligen Energie. So durchlaufen wir fast alle die Stationen Empfängnis, Mutterleib, Geburt, Kindheit, Jugend, Erwachsensein, Ehe, Elternschaft, zweiter Frühling, Alter und Tod. Im Kreis des Jahres gibt es acht Punkte, die dem Lebenszyklus zugeordnet sind. Sie symbolisieren die Phasen, die die Natur und der Mensch im Leben durchlaufen. Alles ist mit allem verbunden. Alles spiegelt sich in allem wider. Um die Symbolkraft und tiefe Bedeutung einer Hochzeit zu verstehen, können wir einen Blick in die Natur und auf die alten Bräuche unserer Vorfahren werfen.

Samhain (31. Oktober auf 1. November)
Tod und Sterben, im Ende liegt der Anfang – Nacht

Julfest Wintersonnenwende (21. Dezember)
Empfängnis – Mitternacht

Brigid	Lichtmess (1. auf 2. Februar) Schwangerschaft – Morgendämmerung
Ostara	Frühlingsäquinox (21. März) Geburt – Sonnenaufgang
Beltane	Maifest (30. April auf 1. Mai) Jugend und Sexualität – Morgen
Litha	Sommersonnenwende (21. Juni) Hochzeit, Zeugung und Elternschaft – Mittag
Lugnasad	Schnitterfest (31. Juli auf 1. August) zweiter Frühling – früher Abend
Mabon	Herbstäquinox (21.–23. September) Alter und Reife – Sonnenuntergang

Schauen wir uns nun Litha, das Fest der Hochzeit, an, um diese Phase in unserem Leben besser verstehen zu können.
Die Hochzeit findet zum Sonnenhöchststand statt, in der Reife der Jahre. Der Tag ist am längsten, die Nacht am kürzesten. Es ist die Zeit, in der Mann und Frau*, Sonne und Mond sich miteinander verbinden, um Fruchtbarkeit über das Land zu bringen. Beide wenden sich dem Licht zu, einer höheren Kraft, die in allem schwingt und alles durchdringt. Die Liebe hat diese Menschen zusammengeführt. Sie wurden für eine gemeinsame Aufgabe bestimmt. Die Hochzeit bedeutet in der Regel auch die Abnabelung vom Elternhaus, Selbstverantwortung, das Ja zu sich selbst, das Ja zum Partner, die Bereitschaft, Liebe zu teilen und gemeinsam ein Feuer der Liebe zu entfachen, den Lebensweg miteinander zu gehen und Aufgaben gemeinsam zu tragen und zu meistern.

* Mit der nachfolgend verwendeten Bezeichnung der Partner als »Mann und Frau« beziehen wir selbstverständlich auch gleichgeschlechtliche Paare mit ein. Auf die Verwendung aller Formen verzichten wir aufgrund der besseren Lesbarkeit.

In früheren Zeiten konnten Paare ein Probejahr miteinander verbringen. Stellten sie fest, dass es nicht passt, so konnten sie sich ein Jahr später folgenlos trennen und ihrer Wege gehen. Fühlten sie, dass sie den Alltag gemeinsam meistern konnten und füreinander bestimmt waren, so konnten sie an ihrem Jahrestag mit all ihren Freunden, Verwandten und Bekannten das Hochzeitsfest feiern.

Die Hochzeit ist der Moment, in dem Mann und Frau beschließen, zusammen den Kelch vor der Gemeinschaft zu erheben, das Blut (Lebenswasser) miteinander zu teilen, um Neues aus ihrer Gemeinschaft zu erschaffen, Kinder und/oder Projekte, die sie so lange gemeinsam begleiten, bis der Nachwuchs für sich selbst sorgen kann bzw. die Projekte langfristig tragfähig sind.

Nach einem indianischen Brauch kann man einen bestimmten »Eherahmen« festlegen. Man verspricht sich beispielsweise, 15 Jahre miteinander zu verbringen. Nach dieser gemeinsamen Zeit kann die Ehegemeinschaft aufgelöst werden, wenn sie ihre Bestimmung erfüllt hat (etwa Kinder großzuziehen, Projekte in die Welt zu bringen), oder sie kann erneut in der Gemeinschaft gefeiert werden. Diese Form hat den Vorteil, dass die Ehe lebendig bleibt und man sich weiterhin umeinander bemüht. Die Gegenwart des anderen ist nicht so selbstverständlich, wie wir denken. Oft merken wir dies erst, wenn der andere nicht mehr da ist.

Wir werden in diesem Buch auch auf andere Sichtweisen der Partnerschaft und Alternativen zur Ehe eingehen. Auf jeden Fall ist es gut, einen gemeinsamen Weg zu erproben, bevor man sich entschließt, offiziell vor der Gemeinschaft Ja zueinander zu sagen, denn nicht wenige Ehen scheitern. Viele Modelle der Liebe sind zwar interessant, doch weder funktionieren sie, noch bringen sie uns das gewünschte Glück, die Innigkeit, das Vertrauen und die Harmonie, von denen wir träumen. Wir sollten uns also fragen:

Was soll Sinn und Zweck unserer Ehe sein?
Warum wollen wir uns zueinander bekennen?
Funktioniert dieses Modell der Ehe überhaupt noch?
Welcher Weg der Partnerschaft ist für uns der richtige?

All diese Fragen beschäftigen uns, bevor wir bereit sind, Ja zueinander zu sagen.

Die Ehe kann der hohe Weg der Selbstverwirklichung sein, wenn sie bewusst von zwei Menschen gewählt wird. Eine gesunde Beziehung ist ein lebendiger Weg der Selbsterfahrung und der Zusammenarbeit, getragen von dem Wunsch, miteinander und aneinander zu wachsen und sich auf dem gemeinsamen Weg gegenseitig zu fördern.

LIEBE verbindet.
Vom ICH zum DU, vom DU zum WIR,
vom WIR zum SEIN.

Eine gesunde Beziehung setzt Freundschaft zu sich selbst und zu seinem Partner voraus. Deswegen ist ein liebevolles Verhältnis zu sich selbst die erste Voraussetzung für eine liebevolle Partnerschaft.

Wenn wir lernen, liebevoll zu handeln,
ist die Liebe für die Ewigkeit.

Seelenpartner und mehr – moderne Begriffe für eine uralte Verbindung

Deine Partnerschaft ist dir bestimmt, sie ist die stärkste Spiegelung deiner Seele.

Es gibt in verschiedenen Kulturen zahlreiche unterschiedliche Formen der Ehe. So existieren Zwangsverheiratungen, geschäftliche Hochzeiten, Nutzgemeinschaften usw. Doch von Ehen dieser Art schreiben wir in diesem Buch nicht.

Das Ja zum anderen kommt aus der Tiefe des Herzens. Es strömt aus dem geistigen Raum, jenem »inneren Ort«, wo wir einfach wissen, dass wir füreinander bestimmt sind. Oft haben wir uns, schon lange bevor wir uns getroffen haben, dort verabredet, um bestimmte Aufgaben miteinander zu erfüllen und zu meistern. Das Wort »Ehe« stammt von dem lateinischen Begriff »aevum«, was »Ewigkeit« bedeutet. Wir fühlen intuitiv, dass wir füreinander bestimmt sind, dass diese Liebe da war, bevor wir geboren wurden, dass wir uns hier verabredet haben, um bestimmte Erfahrungen zu machen.

Was die Liebe zusammenführt,
kann der Mensch nicht trennen.

Wir befinden uns in einem Paradigmenwechsel, im Übergang zum Wassermannzeitalter. Dies erfordert bewusste Schritte in Sachen Partnerschaft. Da wir uns immer mehr der geistigen Dimension unseres Seins bewusst werden, ändern sich die Begrifflichkeit und die Bedeutung einer Beziehung bzw. Ehe. Die Ehe ist ein altbekannter Weg, der in neuem Licht wahrgenommen werden kann. Sie krönt die Liebe und schafft wie kaum eine andere Verbindung eine Verbindlichkeit, Tragfähigkeit und Selbstspiegelung in den Tiefen wie in den Höhen. Mit Begriffen wie »Seelenpartner«, »Zwillingsseelen« und »karmische Ehen« wird versucht, den Geist einer Verbindung zwischen zwei Partnern in der heutigen Zeit neu zu beschreiben. Diese Definitionen können natürlich auch ineinander übergehen.

Zwillingsseelen sind sozusagen aus demselben Holz geschnitzt. Sie erkennen sich im anderen. Das Lebensalter hat mit dem Alter der Seele nichts zu tun, denn auf der Seelenebene sind die Zwillingsseelen gleich alt, da sie aus dem gleichen Licht entstanden sind. Beide haben die Aufgabe, ein spirituelles Tor zu öffnen und es für viele Menschen offen zu halten, damit ein neues Bewusstsein heraufdämmern kann. Bekannte Zwillingsseelen sind Shakti und Shiva, Krishna und Radha, Isis und Osiris, Maria Magdalena und Jesus Christus.

- Die Verbindung zwischen Zwillingsseelen baut sich langsam auf.
- Diese Liebe hat viel Zeit, sich zu entwickeln, weil sie aus dem Raum der Ewigkeit stammt. Sie hat keine Eile, ist ruhig, still, leise, tief und beständig.
- Die äußeren Merkmale der Zwillingsseelen können sehr verschieden, ja sogar gegensätzlich wirken. Ihre Beziehung entspricht oft nicht der gesellschaftlichen Norm, sondern ist normübergreifend im Sinne eines neuen Bewusstseins (so können beispielsweise Altersunterschiede oder kulturelle Unterschiede zwischen Zwillingsseelen bestehen). Normen und Werte haben keine Bedeutung, innerlich sind diese beiden Seelen eins.
- Die Beziehungen zwischen Zwillingsseelen sind in vielerlei Hinsicht Brückenbauer (etwa zwischen zwei Kulturen oder verschiedenen Denkweisen). Sie sind respekt- und würdevoll.
- Zwillingsseelen besitzen das gleiche Seelenmuster.
- Die Liebe zwischen ihnen geht weit über den Tod hinaus. Sie ist endlos, ewig.
- In dieser Liebe gibt es viel Freiheit, da sich jeder seines Auftrags bewusst ist und den anderen unterstützt, aber auch einen eigenen Weg geht.
- Es ist eine Liebe im Dienst des Gesamten.
- Man kann in dieser Liebe nichts verbergen, da die Wahrheit immer gegenwärtig ist.
- Es ist eine reife, wissende Liebe, in der man bewusst füreinander da ist. Sie dient einem spirituellen und kollektiven Zweck.
- Diese Seelen wissen, erfüllen, fließen und genießen.

Wenn Zwillingsseelen sich das Jawort geben, sind viele Menschen davon tief berührt. Diese Beziehungen haben tief heilsame und liebevolle Schwingungen und sind häufig ruhig, sanft, friedlich und unauffällig. Sie wirken in der Ewigkeit weiter, jenseits von Raum und Zeit. Es ist eine stille, heitere Abmachung zwischen zwei Menschen, die tief in sich wissen, dass sie füreinander bestimmt sind.

Seelenpartner oder Dualseelen sind Seelen, die sich seit Urzeiten kennen, miteinander verbunden sind und sich immer wieder treffen. Sie enthalten jeweils einen Teil des anderen und wurden in der Dimension der Dualität getrennt. Diese beiden Seelen müssen nicht unbedingt Mann und Frau sein, sie sind dazu bestimmt, sich zu finden, sich zu vereinen und ein Stück des Lebensweges miteinander zu gehen, um Seelenpotenzial zu wecken. Ihre Beziehung ist emotional, bewegend, aufregend und spornt das Wachstum enorm an. Bekannte Seelenpartner sind beispielsweise Cäsar und Kleopatra sowie Maria und Josef. Und auch in der Literatur gibt es bekannte Seelenpartnerschaften wie die von Romeo und Julia. Seelenpartner wollen die gleiche Stufe der Energie meistern und haben eine gemeinsame Aufgabe zu erfüllen.

- Das Wiedersehen der Seelenpartner wird oft als »Liebe auf den ersten Blick« bezeichnet und beruht auf Gegenseitigkeit. Es ist ein Wiedererkennen.
- Die Begegnung unter Dualseelen verläuft mit einer unglaublichen Intensität, die mit Worten nicht zu beschreiben ist. Diese Begegnung ist eine intensive spirituelle Erfahrung und Öffnung. Sie setzt ein großes Licht frei.
- Die Partner verstehen sich telepathisch, ohne Worte. Ihr Zusammensein ist eine intensive Berührung im Geiste.
- Die Gespräche der Seelenpartner gründen auf einem intensiven und tiefen Verständnis.
- Diese Liebe ist nicht von dieser Welt und manchmal auch nicht für diese Welt geschaffen.
- Die Seelenpartner teilen bestimmte Ideen, Qualitäten, Vorstellungen und Visionen und fühlen sich beide zu bestimmten Orten und bestimmten Traditionen hingezogen.

- Der Seelenpartner dient oft dem eigenen spirituellen und geistigen Wachstum.
- Seelenpartner lernen voneinander und miteinander. Sie erwecken altes Wissen, das in beiden Seelen gespeichert ist. Sie erinnern sich gegenseitig an das ihnen innewohnende Potenzial. Sie können uralte Wunden des anderen berühren, um diese zu heilen.
- Beziehungen zwischen Seelenpartnern beschleunigen die Entwicklung beider Seelen enorm.
- Die Wege einer solchen Beziehung können sich trennen, wenn die gemeinsame Aufgabe erfüllt ist oder die Hürden zu groß sind.

Diese Seelen müssen nicht zwingend dauerhaft eine Partnerschaft eingehen, dennoch spüren sie eine intensive Verbundenheit miteinander, auch über große Entfernungen hinweg und in Träumen. Es kann sein, dass sie für eine gewisse Zeit eine Liebesverbindung eingehen, die sich dann in Freundschaft wandelt, oder dass sie ein gemeinsames Projekt initiieren, Potenzial aufwecken, sich gegenseitig auf den Weg bringen und sich dann wieder voneinander entfernen. Hier ist es wichtig, herauszufinden, warum man zusammen ist, und einzuräumen, dass die Wege sich eines Tages auch wieder trennen und getrennt voneinander entwickeln können.

Karmische Ehen sind Ehen, in denen alte Dinge geklärt, ausgeglichen und abgeschlossen werden können. Zwei Seelen fühlen sich zueinander hingezogen, um gemeinsam Karma zu begleichen. Diese Ehen sind oft schwierig und anstrengend. Sie bieten die Gelegenheit, Verbrechen, Betrug, Mord und Hass aus vorangegangenen Inkarnationen auszugleichen und/oder hinter sich zu lassen. Diese Ehen sind wichtig auf dem Weg in die Meisterschaft, da die Partner viel über sich selbst lernen, alte Muster aufdecken und ablösen können, sich selbst anschauen und beginnen müssen, zu sich selbst zu stehen. Diese Ehen sind echte Arbeitsbeziehungen.

- Karmische Ehen sind oft von Streit, Abhängigkeit, Unglücklichsein und Einsamkeit geprägt. Sie fordern die Auseinandersetzung mit sich selbst.
- Die Ehepartner fühlen sich wenig miteinander verbunden. Mit ihrer Beziehung lösen sie sich aus belastenden Umständen der Kindheit. Alte Muster und Verhaltensweisen werden ausgeglichen.
- Karmische Ehen bringen negative Vorstellungen von der Liebe und Verknüpfungen mit ihr an die Oberfläche, etwa den Gedanken »Leid ist gleich Liebe«. Sie verhelfen zur Selbsterkenntnis und unterstützen beide Partner dabei, Muster der Kindheit und alte Dinge aus den Ahnenlinien aufzudecken und gegebenenfalls zu überwinden.
- Die Ehepartner haben sich noch nicht »gefunden«, und jeder von ihnen hofft, dass der jeweils andere ihn liebt und ihm Liebe gibt. Sie fordern, ohne selbst geben zu wollen. Sie fühlen sich in einer solchen Ehe oft gebunden und nicht frei.
- Diese Beziehungen beinhalten Geschenke, die die Ehepartner vielleicht erst sehr viel später als solche erkennen.

Diese drei beschriebenen Formen können ineinander übergehen und sich gegenseitig bedingen. Gleich, um welche Art von Beziehung es sich handelt, jede davon ist eine lebendige Aufgabe für beide Menschen, an der sie gemeinsam wachsen, mit der sie ihr Selbst entdecken und finden können und die sie kooperieren und durch Höhen und Tiefen gehen lässt.

Wenn wir uns füreinander entscheiden, so entsteht eine gemeinsame Kraftquelle, auch wenn sie zeitlich begrenzt sein mag und irgendwann wieder versiegt, weil der Sinn erfüllt wurde. Wir entwickeln uns durch Erfahrungen. Ehe und Beziehung sind Entwicklungsbeschleuniger.

Das ozeanische Gefühl in einer Beziehung

Wenden wir unseren Blick zum pazifischen Raum, zum »ozeanischen Lebensgefühl«. Vielleicht können wir den einen oder anderen Gedanken als Impuls verwenden. Die Polynesier sehen die westliche Vorstellung von Liebe oft als übertrieben, impulsiv und sexualisiert an, was zu unserer Anschauung passt, dass Liebe ein spontanes Gefühl ist, das dem Menschen einfach »zustößt«. Wir sind hilflos verliebt und darauf fixiert, wahre Liebe nach unseren Vorstellungen zu finden, statt in der Liebe zu sein, uns der Liebe der Schöpfung gewiss zu sein und sie aus uns heraus in unserer Umgebung miteinander zu teilen.

In Polynesien ist der Weg der Liebe – Aloha – durch Geduld, Friedfertigkeit, Zärtlichkeit, Fürsorge, Verbundenheit und Einheit gekennzeichnet. »Aloha« bedeutet »Liebe, Atem, Leben, Teilen« und basiert auf »Akahai«, einem verlässlichen, sanften und fürsorglichen Verhalten. Hier ist die Liebe spiritueller, abstrakter und weniger weltlich. Sie ist die Energie, die uns umgibt, die den Kosmos und dieses Universum durchströmt. Sie ist in allem und jedem von uns. Wir sind aus ihr geboren, jeder von uns. Wir werden mit jedem Atemzug, den wir nehmen, vom ersten bis zum letzten Tag unseres Hierseins von ihr durchströmt und getragen. Ohne diesen Liebesfunken in uns könnten wir das Leben nicht empfangen und dieses Leben nicht leben. Liebe ist etwas, das wir aus uns heraus teilen und weitergeben, und gründet darauf, ein liebevoller Mensch zu sein und liebevolle Handlungen auszuführen sowie wertschätzend miteinander umzugehen. Wir nehmen uns Zeit, zuzuhören, zu fragen, zu teilen und miteinander zu sein.

Liebe – Aloha – bedeutet vielmehr, der richtige Partner zu sein, als den richtigen Partner zu finden, eher mitfühlend als leidenschaftlich zu sein und einander durch schwierige Zeiten des Lebens zu helfen, Heilung zu finden und Liebe zu verschenken.
Die Ehe ist ein erweitertes Aloha. Man heiratet, um Wahrheit und Liebe in die Welt zu bringen, um zu unterstützen. Wo zwei Menschen im Namen der Liebe zusammenfinden, entsteht ein kleines Paradies.
Es ist für unser Wohlbefinden sehr positiv, wenn wir füreinander da sind und einen Menschen an unserer Seite haben, der unser allerbester Freund ist, dem wir unsere innersten Geheimnisse, Ängste und Gefühle, unsere Visionen und Träume anvertrauen können, mit dem wir uns auf tiefsten Ebenen vertrauensvoll austauschen können. Im gegenseitigen Vertrauen entwickeln sich tiefe und innige Erfahrungen der Liebe auf allen Gebieten.

In Polynesien gibt es so etwas wie eine Scheidung nicht. Jede Bindung ist für die Ewigkeit und wird uns unweigerlich verändern. Wir werden ein Teil von einem anderen Leben, ein anderes Leben wird ein Teil von unserem Leben. Wir färben aufeinander ab. Wir bauen miteinander etwas auf, was eine grenzenlose Tragweite hat. Die ozeanische Vorstellung der ewigen Bindung lehrt uns, dass wir uns respektvoll und wertschätzend anderen gegenüber verhalten sollen, weil alle Beziehungen eine Wirkung haben, die weit über die beiden daran beteiligten Menschen hinausgeht. Wir können uns räumlich trennen oder andere Wege gehen und Frieden in uns und mit den Menschen finden, aus geistiger Sicht ist diese Bindung jedoch ewig. Sie wird immer ein Teil unserer Geschichte sein. Schließe einmal deine Augen, und denke an einen Partner, mit dem du zusammen warst. Im Geiste lebt diese Beziehung weiter, sie ist dort abgespeichert und jederzeit abrufbar. So einfach ist das!

Es ist eine Illusion, dass man eine Beziehung leicht und rasch beenden kann, umso mehr, wenn Kinder im Spiel sind. Trennungen hinterlassen oft tiefe Wunden und Schnitte, die nur langsam heilen und uns länger schmerzen, als wir es uns eingestehen.

Es ist gut, sich vor der Eheschließung etwas Zeit zu nehmen, zu reflektieren und tief in sich hineinzufühlen, seine Motive zu prüfen und zu schauen, ob man das Ja eines anderen erwidern kann, Ja zu dieser Ehe sagen kann oder nicht. Es gibt heute alle möglichen Arten, miteinander zu agieren. Eine offene Ehe etwa bezeichnet ein Modell, bei dem mehrere Partner sich das »Spielfeld« teilen, eine wilde Ehe ist eine Ehe, aus der Kinder hervorgehen, die aber nicht offiziell durch eine Heirat geschlossen wird.

In Polynesien ist ein wertschätzender und liebevoller Umgang in dem Bewusstsein, dass Gott auch im Gegenüber wohnt und dass wir letztlich alle eins sind, einer der Wege in der Partnerschaft, den man nicht bereut, auch wenn man irgendwann wieder getrennte Wege geht. Es gibt diese Trennung zwischen Ich – Selbstliebe – und Du – Nächstenliebe – nicht so wie bei uns.

Wenn ich mit meinem Partner eine gute Zeit verbringe, so habe ich selbst eine gute Zeit. Wenn ich meinen Partner verletze, verletze ich mich letztendlich selbst. Die einzige Regel ist: »Never hurt, always help! Verletze nicht, hilf immer!«

Wichtig ist, dass der Weg, der in einer Partnerschaft gemeinsam gewählt wird, für beide stimmig ist. Eine Partnerschaft ist ein Liebesabenteuer mit Herausforderungen, Höhen und Tiefen. Sie kann einen in die höchsten Höhen tragen, in der Mittelmäßigkeit halten oder tief verletzen, je nach eigener Ausrichtung, eigenem Verhalten und gemeinsamer Absprache. Sie enthält das größte Wachstumspotenzial. Das Ja zum anderen setzt ein Ja zu sich selbst voraus.

Die alchemistische Hochzeit – das Ja zu sich selbst

Jeder von uns ist einzigartig im Garten der Schöpfung,
keinen von uns gibt es ein zweites Mal.
Jeder von uns hat seine eigene Schönheit,
seinen besonderen Reiz, seine Stärken, seine Schwächen,
seine Fähigkeiten und seine Talente.
Jeder von uns kann hell und strahlend leuchten,
wenn er immer mehr er selbst werden darf.

Das Fundament für einen gemeinsamen Weg in einer lebendig gelebten, liebenden Gemeinschaft, Ehe genannt, erfüllt von Freude und Glück, ist, genau der Mensch zu sein, mit dem man gern verheiratet wäre. Liebe setzt Selbstliebe voraus. Deswegen die ersten Fragen:

Liebst du dich selbst?
Was schätzt du an dir?
Kannst du dir eine Partnerschaft mit dir selbst vorstellen?

Nimm dir jetzt einen Moment Zeit, schließe die Augen. Lege die Hände auf dein Herz, atme bewusst ein und aus. Verbinde dich mit deinem innersten Wesen, und frage dich:

»Was liebe ich an mir selbst?
Was schätze ich an mir?
Bin ich gern mit mir selbst zusammen?«

Wiederhole diese kleine Übung jeden Tag für 5 bis 10 Minuten, und sie wird dir einen neuen Wert, ein neues Gefühl für dich selbst geben.

Die alchemistische Hochzeit ist die Hochzeit mit sich selbst. Stelle dir doch einmal die Frage: **»Kann ich mir vorstellen, mit mir verheiratet zu sein?«** (Wenn du jetzt schreiend davonläufst, hast du noch etwas Weg vor dir. ☺)

In jedem von uns wohnt ein leuchtender Funke Gottes, unverändert, rein und strahlend. Er wird das »Selbst« genannt. Wenn wir zu uns selbst kommen und uns selbst lieben, können wir auch andere lieben. Wir kommen auch in einer Ehe nicht an uns selbst vorbei. Wir können nicht vom anderen erwarten, dass dieser uns sieht, wenn wir uns selbst nicht sehen. Deswegen ist es wichtig, Zeit mit sich selbst zu verbringen und zu lernen, sich selbst der beste Freund und Wegbegleiter zu werden. Nur dann können wir dies auch für andere sein.

Jeder Mensch besteht aus männlichen und weiblichen Anteilen, aus links und rechts, aus Logik und Fantasie. Jeder von uns ist bereits ein geschlossener, vollständiger Kreis, ein vollendeter »Ton« Gottes, dem es nichts hinzuzufügen gibt. Durch die Verbindung zweier vollständiger Kreise entsteht eine Öffnung, eine Schnittmenge, in der Neues geschaffen und aus der geschöpft werden kann. Neues Leben entsteht.

Bevor wir an eine Hochzeit denken, ist es wichtig, dass wir uns für uns selbst Zeit nehmen und unsere eigenen inneren Bilder betrachten, da sie sich im Außen widerspiegeln.

Alles, was in unserer Welt ist,
hat etwas mit uns selbst zu tun,
sonst wäre es nicht in unserer Welt.

Die ersten Paarprägungen stammen von unseren Eltern und sind bereits in unserer Kindheit entstanden. Wie gingen deine Eltern miteinander um? Wie haben sie auf dich gewirkt? Falls du kein kraftvolles Bild von Partnerschaft hast, wird es Zeit, dass du daran arbeitest, dir eigene Gefühle der Liebe und des Miteinanders zu erlauben und in deinem Leben zu erschaffen. Da unser Unterbewusstsein alte Muster speichert und vielleicht nicht weiß, wie sich eine gute Beziehung anfühlen kann, ist es wichtig, dies für sich zu üben, zu entwickeln und sich neu auszurichten. Es gibt verschiedene Wege, dies zu tun. Hier einige Möglichkeiten:

ÜBUNG: Weibliche und männliche Seite

Jeder von uns hat eine männliche und eine weibliche Seite. Erkennen sich diese beiden Seiten und sind miteinander in Einklang, profitieren wir davon. Unendliches Potenzial steht uns zur Verfügung. Frage dich, zu welchem Prozentsatz du jeweils deine männliche und deine weibliche Seite lebst. Wenn deine männliche Seite überwiegt, du sie etwa zu 80 % lebst, während du deine weibliche Seite gar nicht lebst, ist für die empfangende weibliche Seite wenig Raum, das heißt, es ist wenig Raum, die Früchte deiner Arbeit zu empfangen. Stelle dir vor, wie du deine männliche und deine weibliche Seite in Harmonie bringst, auf ein gleiches Niveau, und wie du sie Stück für Stück wachsen lässt, bis beide Seiten voll leben. Hier fängt das Stadium der Meisterschaft an.

ÜBUNG: Innere Frau – innerer Mann – inneres Paar

Wir haben alle eine weibliche linke Seite und eine männliche rechte Seite in uns. Diese beiden Seiten sind verbunden und wirken miteinander. Du kannst dir diese Seiten bildlich vorstellen. Wie fühlt sich deine männliche Seite an? Wie fühlt sich deine weibliche Seite an? Welche Seite ist stärker betont, welche schwächer? Fühle in deine linke Seite hinein und dann in deine rechte. Wie fühlen sie sich im Zusammenspiel in dir an?

Diese beiden Seiten kannst du auch mithilfe eines inneren Bildes betrachten. Für die weibliche Seite kannst du dir eine Frau vorstellen, für die männliche Seite einen Mann.

Der erste Schritt, deine weibliche und deine männliche Seite zu entdecken, ist eine Meditation oder schamanische Reise in die innere Welt. Nimm dir etwas Zeit, und stelle sicher, dass du nicht gestört wirst. Lasse vor deinem inneren Auge deine innere Frau erscheinen, und beschreibe sie so genau wie möglich, oder male sie. Wähle den Weg, der dir leichtfällt.

Wie sieht sie aus?
Wie zeigt sie sich dir?
Was trägt sie? Wie alt ist sie?
Welche Besonderheiten fallen dir auf?
Welche Gefühle strahlt sie aus?
Wie wirkt sie auf dich?
Was macht sie, oder was zeigt sie dir?
In welcher Umgebung befindet sie sich?
Was denkt sie über sich selbst?
Was sind ihre Talente, Fähigkeiten …?

Beschreibe sie so genau wie möglich. Betrachte sie von allen Seiten. Anschließend lasse sie wieder gehen.

Bitte nun deinen inneren Mann, zu erscheinen. Betrachten ihn, und versuche, ihn so genau wie möglich zu beschreiben oder zu malen.

Wie sieht er aus?
Wie zeigt er sich dir?
Was trägt er? Wie alt ist er?
Welche Besonderheiten fallen dir auf?
Welche Gefühle strahlt er aus?
Wie wirkt er auf dich?

Was macht er, oder was zeigt er dir?
In welcher Umgebung befindet er sich?
Was denkt er über sich selbst?
Was sind seine Talente, Fähigkeiten ...?

Nun lasse ihn wieder gehen.

Bitte jetzt beide Seiten, zu erscheinen, und betrachte die beiden zusammen. Wie stehen sie zueinander? Wie zeigen sie sich zusammen? Passen sie zueinander? Gibt es Disharmonien? Gibt es Übereinstimmungen? Schauen sie sich an oder voneinander weg? Können sie etwas miteinander anfangen oder nicht? Ist eine Seite stärker, edler?

Betrachte dein inneres Paar ganz genau. Wenn es nicht passt oder große Disharmonien auftreten, so ist es an dir, dieses Bild zu heilen und neu auszurichten, zum Beispiel mithilfe deiner Engel und geistigen Wesen. Dies kann einen längeren Zeitraum in Anspruch nehmen, denn in uns sind alte Bilder und Muster aus der Partnerschaft unserer Eltern gespeichert, die nicht immer nur vorbildlich sind, sowie Wünsche und Überzeugungen, kollektive und gesellschaftliche Bilder. Wenn wir diesen alten Bildern in uns eine neue Richtung geben, können wir auch allein und miteinander neue Erfahrungen in der Liebe machen. Es ist wichtig, die Resonanzen im Inneren zu beachten, denn sie spiegeln sich in den Erfahrungen im Außen. Alles, was in unserem Leben geschieht, hat etwas mit uns zu tun, sonst wäre es nicht in unserem Leben.

ÜBUNG: Die Partnerschaftsecke

Richte dir eine Ecke in deiner Wohnung für dein inneres Paar ein. Nimm dir, sooft es dir möglich ist, die Zeit, dort eine Kerze zu entzünden, und erlaube dir neue Gefühle des Miteinanders. Richte diese Ecke mit Bildern und Symbolen ein, die für dich Partnerschaft und Miteinander bedeuten. Nimm dir Zeit, in dich zu horchen, zu meditieren und dir, so intensiv es dir möglich ist, vorzustellen, wie eine Partnerschaft sich anfühlt, wie sie riecht, schmeckt, aussieht etc.

Die *Bedeutung* einer Segenszeremonie

Segen heißt, in einer liebenden Schöpfung geborgen und von ihr getragen zu sein.

Durch den Segen bekommt eine Sache, eine Gemeinschaft Anteil an der göttlichen, schöpferischen Kraft, Liebe und Gnade fließen in sie. Die Ziele einer Segenszeremonie sind Schutz und Zuversicht für den gemeinsamen Weg sowie die Förderung von Frieden, Freude, Glück und Gedeihen. Ein Segen kann in einer Zeremonie durch Zeichen, Worte, bestimmte Handlungen, Salbungen und Berührungen gegeben werden. Eine Segenszeremonie beinhaltet den Segen für das Paar und für den Weg, den es jetzt zusammen gehen möchte oder bereits gegangen ist. Segen ist wichtig. Ein Segen macht uns frei, unseren einzigartigen Weg hier auf der Erde zu gehen. In einer Segenszeremonie wird das goldene Licht des Segens aus hohen Geistigen Welten freigesetzt. Dieser besondere Tag ist der Anfang eines neuen Weges und einer neuen Richtung in der Liebe. Steht diese Liebe unter dem Schutz der Geistigen Welt, erfährt das Paar Segen und Liebe durch das Ja, das es sich gegenseitig gibt, und durch das Ja der Gemeinschaft, der Verwandtschaft und der Freunde. So kann sich die Liebe auf beste und freie Weise entfalten. Man fühlt das Willkommensein dieser Verbindung in der Gemeinschaft und in der gesamten Schöpfung. Die Verbindung wird getragen. Darüber hinaus kann eine Segenszeremonie ganz neue und tiefe Gefühle füreinander freilegen.

Das Ehewesen

Wenn zwei Menschen in Liebe zusammenkommen, entsteht ein drittes, unsichtbares Wesen.

Die Eheschließung ist neben einem weltlichen auch ein mystischer Akt. Sie kann eine Initiation auf dem spirituellen Weg der Verwirklichung sein. Durch die Vereinigung kann »Wasser« in »Wein« verwandelt werden, und neue Blutslinien können entstehen. Die Ehe ist ein Schöpfungsakt und ein kreativer Fluss zwischen zwei Seelen, die sich auf allen Ebenen miteinander vereinen, um kraftvoll schöpferisch tätig zu werden. Wir können eine Ehe im Sinne des menschlichen Bewusstseins oder im Sinne des göttlichen Bewusstseins leben. Ehen in der Neuen Zeit werden immer mehr aus einem höheren Bewusstsein heraus geschlossen und können damit große Veränderungen in dieser Welt be-

wirken. Partner, die in einem höheren Sinne zusammenfinden, erleben eine neue Art der Leichtigkeit, der Tiefe, der Freiheit, der Weite und der freien Verbundenheit. Sie erhöhen und tragen sich gegenseitig und bauen ein großes Lichtfeld miteinander auf. Sie tauchen auch in der körperlichen Liebe allumfassend in ganz andere Seinsebenen ein. Sie laden sich gegenseitig auf und öffnen Tore in andere Wirklichkeiten. Wenn Treue und Verbundenheit richtig Spaß machen, dann ist es Liebe – eine Liebe, die mit Worten nur schwer beschrieben werden kann.
Jeder von uns hat eine eigene Ausstrahlung. Wenn sich zwei Menschen zusammentun, entsteht eine Paarausstrahlung, in der ihre gemeinsame Energie zum Ausdruck kommt. Wenn zwei Menschen zusammenfinden, entsteht ein gemeinsames geistiges Wesen. Dieses Wesen wird »Ehewesen« genannt. Es entwickelt sich mit der Ehe. Es wächst, geht durch verschiedene Stadien, es kann auch schwächeln und erkranken. In diesem Fall sollten sich beide Partner darum bemühen, es zu hegen und zu pflegen, so, wie man es bei einem kranken Kind tut, bis es sich wieder erholt hat und stabil wird. Das Ehewesen entwickelt bestimmte Vorlieben und Abneigungen und führt ein eigenes Leben. Manchmal rebelliert es. Es symbolisiert das lebendige, geistige Feld einer Ehe.

Schaue nicht nur auf die sichtbare Seite deiner Ehe. Richte den Fokus auch auf die unsichtbare Seite deiner Beziehung. Schaue auf das Ehewesen. Was stärkt das Wesen deiner Ehe, wo sind Schwächen, wohin könnt ihr gemeinsam gehen, wo solltet ihr euch Freiheiten lassen?

Stellt euch folgende Fragen:

Was verbindet uns?
Was hat uns zusammengeführt?
Was teilen wir miteinander?
Was sind unsere gemeinsamen Lieder,
Kraftquellen, Freuden?
Was ist unser gemeinsames Motto?
Was tut uns beiden gut?
In welchen Dingen unterscheiden wir uns voneinander,
wo haben wir verschiedene Interessen?

Im Falle einer Trennung stirbt das Ehewesen. Das ist es, was oft während einer Trennungsphase so wehtut.

Das Ja erneuern – Hochzeitswiederholungen in bestimmten Lebensabschnitten

Die Liebe hat uns einst zusammengeführt,
die Liebe hat uns in Höhen und Tiefen getragen,
sie hat uns Kraft gegeben, uns bestärkt
und Mut gemacht, weiterzugehen.
Die Liebe hat uns jetzt ein zweites Mal zusammengeführt,
damit wir unsere gemeinsame Zeit, die hinter uns liegt,
segnen, ehren und loslassen,
um uns neu auf die Liebe, die uns verbindet
und die immer da ist, einzuschwingen.
Ich liebe dich, tiefer und mehr als zuvor,
danke für den gemeinsam gemeisterten Weg,
danke für das Geschenk unserer Ehe.

Hochzeitswiederholungen sind wunderbar. Sie vertiefen und erneuern die Liebe auf magische Weise. Am Anfang kommen wir zusammen. Wir wissen noch nicht, was uns erwartet, welche Herausforderungen und Hürden auf uns zukommen und wie wir diese meistern werden.

Wir heiraten nicht nur unseren Partner, sondern ganze Familiensysteme mit alten Mustern, Themen und Glaubensrichtungen. Hinter jedem von uns steht ein ganzer Kreis von Menschen, an dem wir gemeinsam wachsen und über den wir auch hinauswachsen können und unseren eigenen Kreis gestalten – so, wie wir es uns wünschen. Wir begleiten uns gegenseitig durch Höhen und Tiefen. Wie in keiner anderen Begegnung spiegeln sich in der Ehe unsere eigenen Schatten, und wir stehen vor Herausforderungen, die wir uns vorher oft nicht ausmalen konnten.
Wenn belastende Dinge geschehen wie familiärer Streit, etwa um eine Erbschaft, ein Unfall, Krankheit, Arbeitslosigkeit, Tod, der Verlust eines Kindes, dann kann das eine Ehe enorm belasten. Sie können die Liebe, die uns einst zusammengeführt hat, begraben und dazu führen, dass wir uns voneinander entfernen. Solche Ereignisse fordern eine erneute, bewusste und öffentliche Entscheidung füreinander.

Es ist wichtig, dass wir immer wieder den Weg zueinander finden und uns aufrichtig vergeben, damit die Liebe lebendig bleibt. Bestimmte Abschnitte, die im Leben gemeinsam gemeistert wurden, wie das Großziehen der Kinder, können wir dann durch eine zweite Hochzeit würdigen. In dieser schaut man auf die miteinander gelebte Zeit zurück, reflektiert gemeinsam, vergibt sich das, was einen verletzt hat, ehrt sich für das, was man wirklich aneinander schätzt, lässt los, was in dieser Ehe nicht wahr werden konnte, um frei und gestärkt in der Liebe einen neuen gemeinsamen Abschnitt beginnen zu können.

Hochzeitswiederholungen haben tief klärende, segnende und heilsame Wirkungen auf ein Paar. Es findet sich wieder in der Liebe und tankt Kraft, lässt los und richtet sich für den weiteren gemeinsamen Weg neu aus.

Alles war gut, so, wie es war.
Alles ist gut, so, wie es ist.

Eine Hochzeitswiederholung könnt ihr machen, wenn ihr euch nach einer gemeinsam verbrachten Zeit noch einmal bewusst dafür entscheidet, Ja zueinander zu sagen. Der Prozess vor der Hochzeitswiederholung kann anregende Gespräche fördern, alte Wunden, über die nie gesprochen wurde, ans Licht bringen, befreien, klären und bereinigen.

Das Geheimnis einer guten Ehe

Sorge in erster Linie für dich selbst.
Dann sorge für deine Kinder
und deinen Partner/deine Partnerin.
Und wenn du etwas übrig hast,
dann sorge auch für andere Menschen.
Sei fröhlich, und feiere das Leben.
Alles ist miteinander verbunden. Alles ist eins.

- Nehmt euch Zeit für euch selbst, Zeit für den Partner/die Partnerin, Zeit für eure Kinder.
- Macht euch bewusst, dass ihr ein göttliches Wesen seid, das eine menschliche Erfahrung macht und viele Rollen spielt. Ihr seid Mann/Frau, Vater/Mutter, Freund/Freundin, Partner/Partnerin, Arbeitnehmer/Arbeitnehmerin, Heiler/Heilerin. Ihr seid ein spirituelles Wesen, das sich immer wieder bewusst machen sollte, welche Rolle es spielt.
- Wenn wir Eltern werden, gehen wir oft in der Rolle der Elternschaft auf und vergessen, dass wir auch noch Partner/Partnerin und Mann/Frau sind. Löst euch für kurze Zeit immer wieder bewusst aus Rollen, die euch zu sehr beanspruchen.
- Kommt zu euch selbst und zu der Partnerschaft zurück. Nehmt den Partner/die Partnerin nicht als selbstverständlich hin.
- Findet Zeit, euch miteinander zu treffen, auszugehen, miteinander zu reden und einander zu fragen: »Hey, wo stehst du gerade, was beschäftigt dich, hast du etwas geträumt?«
- Geht immer wieder gemeinsam neue und bewusste Wege, sodass der Trott und die Mechanik, die in einer Ehe entstehen können, immer wieder durchbrochen werden.
- Bestärkt euren Partner/eure Partnerin in dem, was ihr an ihm/ihr liebt und bewundert, statt ihn/sie dazu zu bewegen, mehr wie ihr selbst zu werden.
- Bemerkt, wenn ihr liebesfaul und nachlässig in eurer Wortwahl werdet. Bleibt achtsam, freundlich und würdevoll im Umgang mit euch selbst und eurem Partner/eurer Partnerin. Viele Ehen leiden unter Unhöflichkeiten, die man gegenüber Fremden, Freunden und Arbeitskollegen niemals an den Tag legen würde.
- Haltet eure Partnerschaft in Ehren.

- Lasst auf ein Mal Kritik mindestens zwei Mal Lob und Anerkennung folgen. So bleibt die Liebe gegenwärtig.
- Investiert Zeit, um einfach zusammen zu sein, einander zu berühren, zu halten und euch über das Physische hinaus zu verbinden.
- Schaut eurem Partner/eurer Partnerin in die Augen. Seht ihn/sie.
- Sexualität kann aufregend, erfüllend, vertiefend, erneuernd sein. Achtet darauf, dass sie kein Ersatz für etwas oder Hilfsmittel zum Stressabbau wird, sondern eine tiefe, erhebende Erfahrung für beide, Körper, Geist und Seele umfassend.
- Bleibt ihr selbst. Führt auch ein Leben außerhalb eurer Ehe, im Beruf, mit einem guten Freund, einer guten Freundin oder einem Hobby.
- Nehmt den Partner/die Partnerin aus der Verantwortung, euch glücklich machen zu müssen. Jeder ist seines eigenen Glückes Schmied. Unser Partner ist nicht dafür verantwortlich, wie wir uns fühlen. Wenn wir in der Erwartung leben, dass uns unser Gegenüber glücklich machen muss, geben wir die Verantwortung für unser Leben ab und machen uns klein. Bleibt bei euch, und teilt euer Glück mit eurem Partner/eurer Partnerin, so kann es wachsen.
- Seid beste Freunde.

Im Leben werden die Karten immer wieder neu gemischt.
Es geht nicht nur darum, gute Karten zu bekommen,
sondern mit jedem Kartensatz ein gutes Spiel zu spielen.
Eine Erfahrung ist nicht das, was uns passiert,
sondern das, was wir selbst daraus machen.
(Hawaiianische Weisheit)

Das JA zueinander

Am Nachthimmel blinken und leuchten die Sterne. Die Luft ist klar und kühl. Schattenhafte Umrisse der Natur umhüllen das Sein. Tiefe Stille! Ein Gefühl steigt klar, hell, leuchtend auf. Es verströmt honigsüßen Nektar, aus der Ewigkeit kommend, in den stillen Raum hinein.

Erfüllt von einem unbestimmten Gefühl ahne ich – es ist so weit. Füreinander gemacht, im Himmel beschlossen, öffnet sich das leuchtende Tor in einen neuen Kreis der Kraft.

Wir treten ein in den Tempel der Liebe, mutig, bereit, dem Ruf der Liebe zu folgen. Wir fegen den Raum frei im sich neu formierenden Tanz der Elemente. Wir entzünden das ewige Liebesfeuer im Zentrum des Seins. Wir geben uns die Hände voller Zartheit und gegenseitiger Achtung. Wir reichen uns die Kelche mit dem Wasser des Lebens.

Aus zwei wird eins. Die Dunkelheit, sie ist vergangen. Aus dem Zauber der Nacht erwächst ein neuer Tag. Frei und doch gemeinsam wie Säulen des Tempels – es tanzt und funkelt das Licht der Liebe zwischen uns in frei strahlenden Formen.

Ich fühle deinen Herzschlag. Möge meine Liebe dich still umhüllen, tragen und segnen auf deinem Weg.

Hand in Hand, Seite an Seite gehen wir, um uns in der Liebe zu wandeln, sie zu teilen, damit sie sich mehrt.

Einzeln und frei wie Bäume im Wald steht jeder für sich,
nicht im Schatten des anderen, aber doch zusammen.
Wir wachsen im Licht der Sonne und der Liebe.
Wir sagen »JA« ZUEINANDER!

Jeanne Ruland

Der schönste Tag –

Vorbereitung und praktische Umsetzung einer Segenszeremonie

Datum

Gibt es ein besonderes Datum oder eine Jahreszeit, die ihr bevorzugt? Jede Jahreszeit hat etwas Besonderes. Ob das Aufblühen des Frühlings, die kraftvolle Sonnenenergie des Sommers, die leuchtenden, warmen Farben des Herbsts oder der Zauber des Winters. Folgt eurem Herzen. Was ist für euch stimmig? Wollt ihr euch an die Sonnenwenden, an den Mondlauf oder an Jahreszeitenfeste halten? Vielleicht möchtet ihr das Datum auch astrologisch berechnen lassen.

Gäste

Der wichtigste Gradmesser ist auch hier euer Herz. Mit wem möchtet ihr diesen Tag feiern und teilen? Bei wem ist es euch wichtig, dass er euch begleitet? Gibt es besondere Menschen, die mit eurer Beziehung in Verbindung stehen? Freunde, die euch auf einem wichtigen Teil eures Weges begleitet, euch vielleicht sogar zueinander geführt haben? Möchtet ihr eine riesige Party feiern, oder ist euch ein kleiner, intimer Rahmen lieber? Was die Familie angeht, so steht sie für eure Ahnen. Nicht nur ihr beide sagt Ja zueinander, sondern auch eure Familien begegnen und verbinden sich. Überlegt deshalb: Ladet ihr euch mit manchen Menschen auch Probleme ein? Können eure Gäste mit der Wahl eurer Zeremonie gut umgehen? Ladet ihr Menschen aus einem Pflichtgefühl heraus ein, oder ist es eine freie Herzensentscheidung?

Motto

Es gibt in der Liebe zweier Menschen Schlüsselmomente. Augenblicke, in denen ihr fühlt, dass ihr in der Seele zutiefst verbunden seid. Vielleicht gibt es ein Land, in das es euch beide zieht und das ihr zum Motto eurer Hochzeit machen und mit einem Thema verbinden möchtet, zum Beispiel »italienische Liebe«, »griechische Götterhochzeit«, »spanisches Feuer« … Genauso könnt ihr euch mit Hawaii und dem Aloha-Spirit verbunden fühlen, mit den Sternen und dem Universum, aber auch mit der Natur. Faszinieren euch die Unterwasserwelten, die Wälder oder die Berge? Oder ihr interessiert euch beide für eine bestimmte Zeit wie das Mittelalter, für Druidentum und Merlin, für Atlantis oder Lemuria … Auch Jahreszeiten, die für eure Liebe eine besondere Bedeutung haben, können ein schönes Motto sein: Sommergefühle, Wintertraum, Herbstzeitlose, ewige Liebe im Mai … Euer Motto könnt ihr durch die Location, die Kleidung und die Gäste unterstützen, sodass eure Seelenverbindung im

Kern gestärkt wird. Für eine Mittelalterhochzeit könnt ihr zum Beispiel eine alte Burg oder ein Schloss wählen.

Ein paar Beispiele:

- Aloha Hawaii – Paradiestrauung am Strand
- Avalontrauung – der Zauber und die Liebe Avalons
- Engelzeremonie – auf Engelfedern getragen
- Elbenhochzeit – eine Naturzeremonie mit Feier und Tanz
- Keltische Trauung – eine alte keltische Zeremonie
- Kosmische Hochzeit – in der Verbindung mit den Sternen
- Lemuria Dream – das Ja von Anbeginn an
- Aber auch: Biker-Hochzeit, bayerische Hochzeit in Tracht, 1920er-Jahre-Hochzeit, Hippie- oder Boho-Hochzeit, Winterhochzeit

Leitung der Segenszeremonie

In erster Linie sollte jemand die Leitung übernehmen, dem ihr vertraut und mit dem ihr euch beide gut versteht. Dies heißt nicht zwingend, dass es ein Freund sein muss. Manchmal ist es einfacher, mit »fremden« Menschen über Persönliches zu sprechen. Es kann ja sein, dass euch auf dem Weg zu eurem Festtag noch einige Hürden erwarten, die es zu nehmen gilt. Auch hier kann euch der Leiter begleiten, falls ihr dies wünscht. Es muss jedoch nicht sein.

Im Grunde kann jeder die Leitung der Segenszeremonie übernehmen. Wichtig ist seine innere Haltung und Ausrichtung und, dass er sich bewusst ist, dass er in dem Moment eine andere Position einnimmt. Er webt sozusagen ein Netz zwischen den Anwesenden, dem Brautpaar und der Geistigen Welt. Es ist von Vorteil, wenn er dies schon das eine oder andere Mal gemacht hat bzw. Erfahrung im Umgang mit Ritualen gesammelt hat.

Es sollte einen Menschen geben, bei dem alle Fäden zusammenlaufen, der sozusagen die ganze Zeit über, vom Beginn bis zum Ende, die Energie hält, das Ganze anleitet und ganz und gar zu seinem Wirken steht. Es können natürlich auch mehrere Menschen gleichzeitig das Ritual leiten, je nach Rahmen und Aufbau. Doch sollte dann sichergestellt sein, dass sie auch gut miteinander auskommen und es im Zweifelsfall nicht zu kleinen Machtkämpfen kommt. Alles, was vorher festgelegt ist, führt später nicht zu Unklarheiten. Fehler werden so vermieden.

Ihr als Brautpaar eignet euch nicht für diese Position – das würde euch nur davon abhalten, euch ganz auf die Zeremonie und aufeinander einzulassen. Da dies eure ganz persönliche Feier ist, liegt es an euch, die Person auszuwählen, die ihr mit der Leitung eurer Segenszeremonie betrauen möchtet. Eine einfache Übung erleichtert euch vielleicht die Wahl: Legt eine Hand auf euer Herz, und stellt euch die Frage: »Können wir uns unsere Hochzeit mit diesem Menschen als Leiter vorstellen? Ist er der Richtige dafür? Können wir uns fallen lassen, und wird er die Zeremonie so leiten, wie wir es uns vorstellen?« Nun braucht ihr nur noch auf die Antwort zu warten. Ihr werdet sie fühlen!

Denkt daran: IHR legt den Rahmen für die Feierlichkeit fest, und darin sollten sich alle Beteiligten wohlfühlen, allen voran ihr beide!

Möglichkeiten der Gestaltung

Gleich, für welche Form ihr euch entscheidet, bitte klärt die teilnehmenden Gäste vorab darüber auf. Nicht alle, die ihr zu eurem Fest einladet, teilen auch eure Weltanschauung. Manch einer hat vielleicht Angst vor Dingen, die er nicht kennt, und allein das Wort »Ritual« oder »Zeremonie« kann bereits unangenehme Gefühle auslösen.

Der Leiter der Segenszeremonie kann mit euch eine Meditation oder eine schamanische Reise zum Ablauf der Feier durchführen und so herausfinden, was für euch besonders wichtig ist. Das bedeutet: Ihr beide geht mit der Frage »Was ist für mich/uns besonders wichtig bei dieser Zeremonie?« in die Meditation oder in die schamanische Reise. Danach erzählt jeder von euch, was er gesehen, gefühlt und wahrgenommen hat. Aus diesen Erkenntnissen heraus kann dann die Zeremonie entwickelt werden.

Fragt euch als Brautpaar, welche Aspekte euch bei dieser Feier besonders wichtig sind (die Eltern ehren, Altes bereinigen, Segen, bestimmte Personen, die euch begleiten sollen, Elemente, Lieder …). In welchem Rahmen soll die Segenszeremonie stattfinden? Gibt es Kleidervorschriften? Sollen alle Gäste in Weiß erscheinen oder bunt wie der Regenbogen? Bevorzugt ihr vielleicht den Kleiderstil der 1950er- oder 1960er-Jahre? Wollt ihr niemanden in Schwarz sehen, oder darf jeder das tragen, was er möchte? Soll die Zeremonie zum Beispiel in einem mittelalterlichen Rahmen stattfinden oder ein anderes Motto haben? Wenn ja, soll dies freiwillig oder verpflichtend sein?
Bedenkt dabei auch immer: Gleich, wofür ihr euch entscheidet, es sollte auch für die Gäste nachvollziehbar und leicht umsetzbar sein. Eine Trauung auf Bali klingt sehr verlockend, doch es stellt sich die Frage, ob es sich auch jeder der Gäste leisten kann, dorthin zu fliegen.

Wer übernimmt welche Aufgaben?

* Leiten?
* Organisieren?
* Fotografieren?
* Filmen?

Wenn ihr den groben Rahmen geklärt habt, ergeben sich natürlich weitere Gestaltungsmöglichkeiten. Ihr könnt zum Beispiel:

* gemeinsam einen Baum pflanzen
* einen Stein mit euren beiden Krafttieren bemalen
* ein Familienwappen erstellen
* euch mit Wolle mit den anwesenden Menschen verbinden (ein Netz als Symbol für bisherige Verstrickungen weben). Ihr müsst euch dann gegenseitig freischneiden, um nun den

gemeinsamen Weg frei gehen zu können. Wenn ihr dies in dem Bewusstsein macht, dass sich damit behindernde Verstrickungen in Achtung und Respekt lösen dürfen, kann viel Heilsames entstehen.

- Luftballons mit Segenswünschen in den Himmel steigen lassen
- gemeinsam ein Feuer entzünden
- vorab gemeinsam ein Brot backen, das ihr dann in der Zeremonie verwendet (siehe Seite 89)
- auf die gemeinsame Zeit zurückschauen, indem ihr oder jemand der Gäste Bilder zu den wichtigsten Ereignissen zeigt
- eine Schale des Lichts für die Ehe überreicht bekommen (siehe Seite 82)
- wenn ihr schon länger zusammen seid, könnt ihr gemeinsam mit euren Gästen eine Spirale aus Kerzen aufstellen und für jedes zusammen verbrachte Lebensjahr eine davon anzünden

Der perfekte Ort

Wählt einen passenden Ort entsprechend dem Rahmen der Feierlichkeiten. Dies kann eine Lichtung im Wald oder der eigene Garten sein, ein angemieteter Raum oder die Scheune eines Freundes, je nach persönlichen Vorlieben. Wichtig ist, dass in dem Raum bzw. an dem Platz die Stimmung erzeugt werden kann, die ihr euch wünscht. Bezieht bitte immer das Wetter in eure Planung ein! Gibt es Ausweichmöglichkeiten, falls es an dem Tag der Zeremonie regnen sollte?

Wie schmückt ihr den Raum oder Ort? Welche Form entspricht euren Vorstellungen? Bevorzugt ihr eine Anordnung wie in der Kirche, oder möchtet ihr als Brautpaar in der Mitte eines Kreises stehen, der von den Gästen gebildet wird? Steht ihr während der ganzen Zeremonie, oder wollt ihr auch sitzen? Wie lange dauert sie? Überstrapaziert die Ausdauer eurer Gäste nicht. Die schönste Feier kann zur Tortur werden, wenn die Gäste zwei Stunden lang in sengender Hitze ruhig stehen sollen.

Erstellt im Vorfeld einen genauen Zeit- und Ablaufplan (ein Beispiel dafür findet ihr auf Seite 92). Und bedenkt: Die Länge der Zeremonie entscheidet nicht über die Lebensdauer einer Ehe.

Einladung

Erstellt und verschickt die Einladungskarten rechtzeitig, damit sich eure Gäste den Termin frei halten können. Gebt Anlass, Datum, Uhrzeit, Ort, ggf. das Motto und eventuell Mitzubringendes (Beteiligung am Buffet, Gaben für die Naturwesen …) bekannt, und bittet eure Gäste, ihre Teilnahme zu bestätigen.

Trauzeugen

Es ist eine Ehre, Trauzeuge für ein Paar zu sein.

Trauzeugen sind Menschen, die euch als Brautpaar freundschaftlich begleiten (Verwandte, Freunde …) und in der Zeremonie eine tragende Rolle spielen. Ursprünglich waren Trauzeugen lediglich dazu da, die Eheschließung zu bezeugen. Jedoch haben sie heutzutage oft auch soziale Aufgaben. So organisieren sie den Junggesellenabschied, sie helfen dem Hochzeitspaar bei der Planung und Durchführung der Zeremonie, sind Einkaufsberater, behalten die Zeremonie im Auge, halten die Ringe bereit, sorgen für originelle Überraschungen in Form von Spielen sowie für besondere Höhepunkte und Ansprachen. Sie übernehmen oft auch eine Art freundschaftliche Schirmherrschaft über die Ehe und können dem Paar in Krisenzeiten vermittelnd und unterstützend zur Seite stehen.

Natürlich kann sich das Verhältnis zu den Trauzeugen im Laufe einer Ehe wandeln. Freundschaften gehen auseinander, Freundschaften entstehen. Zur Auswahl der Trauzeugen für eine Hochzeitswiederholung könnt ihr euch die Frage stellen: »Wer hat uns zur Seite gestanden, wer hat uns die Hand gereicht, als es schwierig wurde, wer war für uns und unsere Familie da?«

Gemeinsam könnt ihr eine passende Anzahl von Trauzeugen wählen. Es können zum Beispiel vier Trauzeugen für die vier Elemente und Himmelsrichtungen ausgesucht werden, sodass ihr aus jeder Richtung Segen erhaltet. Es können auch vier Paare – eines für jede Richtung – oder nur zwei Trauzeugen sein. Es ist empfehlenswert, dass die Trauzeugen sich vor der Zeremonie kennenlernen und sich vielleicht auch ohne euch treffen. So können sie alles in Ruhe besprechen und eventuell einige kleine Überraschungen für die Zeremonie oder die anschließende Feier planen, die dem Fest eine besondere Note geben.

Heiraten mit Kindern

Je nach Alter können natürlich auch Kinder in die Segenszeremonie eingebunden werden. Sie können bei der Gestaltung und Dekoration mithelfen, während des Rituals euren Weg mit Blütenblättern bestreuen. Vielleicht hat eines der Kinder ein besonderes Talent und möchte zur musikalischen Untermalung beitragen, ein Gedicht vortragen oder die Trauringe übergeben.

Jüngere Kinder sind meist aufgeweckt, haben viel Energie und einen ausgeprägten Spieltrieb. Meist fällt es ihnen schwer, lange still dazusitzen. Vielleicht gibt es jemanden in eurer Familie oder eurem Freundeskreis, der Kinder liebt und für das Fest ein paar Spiele oder Aktivitäten eigens für sie plant. Größere Kinder können mit einem Gästebuch herumgehen und Eindrücke und Glückwünsche von den Hochzeitsgästen sammeln.

Elemente in der Segenszeremonie

Die meisten Rituale und Zeremonien sind in Kreisform nach den vier Himmelsrichtungen und den vier Elementen ausgerichtet, aber das ist selbstverständlich kein Muss. Auf Wunsch kann jedes Element von einem Trauzeugen oder einem Paar repräsentiert werden. In diesem Fall können sich die Trauzeugen Gedanken darüber machen, welche Qualitäten aus dem jeweiligen Element sie euch mit auf den Weg geben möchten, und dementsprechend ihre Glückwünsche formulieren. Man sollte sich auch im Vorfeld überlegen, welche Kräfte aus der Geistigen Welt eingeladen sind – Engel, Meisterschwingungen, die Kräfte der Natur? Gibt es eine spirituelle Richtung, die euch miteinander verbindet?

Auf diese Weise aufgebaute Zeremonien beginnen meist im **Osten.** Im Osten geht die Sonne auf, und der neue Tag beginnt. Der Osten steht für das Element **Luft,** den Neuanfang, die Reinheit und Klarheit des Geistes, für die Kraft des Schwertes und die Intuition. Er wird symbolisiert durch die Farben Gelb und Weiß und repräsentiert den Atem, der alles belebt. Er stellt die Verbindung unseres Herzens mit dem Geist sowie zu den Hütern der vier Winde, den Sylphen, Erzengel Michael, den Seraphim usw. her.
Symbolische Geschenke der Trauzeugen, die den Osten/die Luft repräsentieren, können sein: ein Lied, Musik, ein Gedicht, eine Räuchermischung, damit die Räume nach »dicker Luft« wieder geklärt werden können, eine Feder für die Leichtigkeit der Liebe, Räucherstäbchen …

Im **Süden** nimmt die Sonne ihren Lauf und erreicht dort ihren Höchststand. Der Süden steht für das Element **Feuer,** die Farben Rot, Gold, Orange und das Feuer der Wandlung. Er steht für den Stab der Kraft, für das Feuer, das in uns brennt und unser Schicksal bestimmt, für unsere Visionen, unseren Lebensfunken und unsere Lebensenergie, nicht zu vergessen auch für unsere Sexualität, für Salamander, Erzengel Uriel, das Feuer Gottes, die Liebe Christi …
Symbolische Geschenke der Trauzeugen, die für den Süden/ das Feuer stehen, können sein: eine Feuerschale, damit das Feuer der Liebe brennen kann, Kerzen, ein Feuerzeug und Streichhölzer, damit das Feuer der Liebe immer wieder entfacht werden kann, Fackeln, Wunderkerzen, Chilipulver …

Im **Westen** geht die Sonne unter. Er steht für das Element **Wasser,** die Farben Blau und Türkis, Gefühle, Emotionen und den Kelch der Heilung. Der Westen repräsentiert Reflexion, die Kraft der Ahnen, Nixen, Undinen, Wassermänner, Nereiden, Erzengel Gabriel, Delfine …
Symbolische Geschenke der Trauzeugen, die für den Westen/ das Wasser stehen, können sein: Delfinfiguren für Leichtigkeit und Freude, ein Brunnen, damit das Wasser des Lebens fließen kann, ein Becher oder Kelch, um die Liebe zu feiern, Getränke, Duftessenzen, Raumsprays, Bade- und Massageöle …

Im **Norden** ist die Sonne selten zu sehen. Er wird assoziiert mit dem Element **Erde,** der Schau nach innen, den Farben Grün und Braun, verschiedenen Talenten und Fähigkeiten, der Kraft von Gaia, dem kleinen Volk, Zwergen, Feen, Gnomen, Elfen, Erzengel Raphael, Mutter Maria …

Symbolische Geschenke der Trauzeugen für den Norden/die Erde können sein: eine Handvoll Erde aus der Heimat, die für die Wurzeln und für die Verbundenheit steht, Brot und Salz für Wohlstand und eine gute Zukunft, ein Bäumchen, damit die Liebe wachsen kann, eine Schale mit Obst oder Lebensmitteln für die Fülle der Erde, ein Medizinsäckchen mit Edelsteinen und Kräutern, eine Trommel für den Herzschlag der Erde, Geld für Wohlstand, ein Schutz- oder Liebessymbol …

Im Zentrum befindet sich der **Äther,** der alles durchdringt und uns mit dem kosmischen Geist verbindet, der Kraft des **Ich-Bin.** Er wird oft mit der Farbe Violett dargestellt. Er steht für die Kraft, die die Partner miteinander verbindet.
Symbolische Geschenke der Trauzeugen, die für den Äther stehen, können sein: ein Yin-Yang-Symbol, eine Figur, die für die Liebe steht, Engel, die über die Ehe wachen …

Eine schöne Idee ist es, symbolisch für jedes Element einen kleinen Altar in der passenden Farbe mit Gegenständen und Geschenken zu errichten.

Dies sind lediglich Vorschläge, die sich an der in unseren Breitengraden üblichen Zuordnung der Elemente orientieren. Natürlich kann auch hier alles so abgeändert werden, dass es für euch persönlich stimmig ist und eurem jeweiligen Glauben bzw. eurer Tradition entspricht.

Musik und gemeinsame Lieder

Vielleicht gibt es besondere Lieder, die euch in eurer Partnerschaft begleitet haben und die ihr gern in die Zeremonie einbauen möchtet? So können der Einzug der Braut, der Segen, das Eheversprechen, das Anstecken der Ringe und der Abschluss der Zeremonie musikalisch begleitet sein.
Vielleicht möchtet ihr als Brautpaar ein Duett singen, oder die Gäste möchten ein für euch besonderes Lied darbringen?
Wenn ihr verschiedene Musikstücke in eure Zeremonie einbauen wollt, ist es ratsam, eine Playlist zu erstellen und die Lieder so zusammenzustellen, dass sie nacheinander auf ein Zeichen hin abgespielt werden können. Macht unbedingt vorher einen Testlauf. Falls ihr Lieder mit den Gästen singen wollt, denkt daran, die Texte für die Gäste auszudrucken.

Das persönliche Versprechen von Herz zu Herz

Das Eheversprechen schreibt ihr als Braut/Bräutigam selbst. Es kann natürlich nicht nur vorgesprochen, sondern auch vorgesungen werden. Vorsichtig solltet ihr jedoch mit Formulierungen sein, die Versprechen beinhalten, die über den Tod hinausgehen. Denkt daran: Worte, die in einem Ritual gesprochen werden, haben Gewicht. Also seid achtsam damit. Vermeidet, euch gegenseitig die ewige Liebe zu schwören. »Bis dass der Tod uns scheidet« kann schon sehr lang sein.

Stellt euch vor, dass ihr euch auf ewig Liebe geschworen habt, euch jedoch im nächsten Leben nicht über den Weg lauft. Ihr verzehrt euch vor lauter Sehnsucht und wisst nicht einmal, warum oder nach wem. Erspart euch das.

Es gibt verschiedene Möglichkeiten, ein Eheversprechen zu formulieren. Wenn ihr im Internet recherchiert, findet ihr schnell ein paar Vorschläge. Ihr könnt natürlich auch euer eigenes, ganz persönliches Eheversprechen schreiben.

Fangt dazu am besten einfach damit an, alles aufzuschreiben, was euch an eurem Partner gefällt. Was hat euch zusammengebracht? Welche Lieder verbinden euch? Was habt ihr gemeinsam erlebt? Was wolltet ihr eurem Partner immer schon sagen? Welche Worte würdet ihr ganz persönlich verwenden, um zu beschreiben, wie glücklich ihr darüber seid, dass ihr diesen Menschen an eurer Seite wisst? Was macht eure Liebe zu ihm so besonders?

Nehmt euch ein paar Minuten Zeit, schließt eure Augen, und denkt an eure erste Begegnung, euren ersten Kuss, den Heiratsantrag … Schreibt auf, was euch dabei in den Sinn kommt. Legt das Geschriebene weg, holt es nach ein paar Tagen wieder hervor, und geht den Text noch einmal durch. Möchtet ihr etwas ergänzen, ändern, hinzufügen, weglassen? Vertraut euch selbst. Niemand kann besser ausdrücken, was ihr für den Liebsten/die Liebste empfindet, als ihr selbst.

Dieses Versprechen betrifft nur euch beide. Es braucht niemandem sonst zu gefallen. Gleich, ob ihr eine ganze Seite vollschreibt oder eure Gefühle in nur einem Satz ausdrückt – wichtig ist, dass ihr, wenn ihr es für euch lest, spürt: »Ja, das ist genau das, was ich meinem Partner sagen möchte.«

Schreibt alles auf, und nehmt den Zettel zur Zeremonie mit. In solch emotionalen Momenten sind Spickzettel erlaubt.

Beispiel:

»Liebe(r) …,
du bist der Mensch, mit dem ich alt werden möchte.
Du bist der Mensch, in dessen Hand ich meine lege.
Du bist der Mensch, neben dem ich nachts einschlafen
und morgens aufwachen möchte.
Du bist der, nach dem mein Herz sich sehnt
und nach dem meine Hand greift,
wenn ich Halt suche.
Du bist der, dem auch ich Halt geben möchte.
Du bist der, mit dem ich lachen, weinen, tanzen
und singen möchte.
Du bist der,
der eine,
dem ich mein Herz weit öffne.
Ich liebe dich.«

Geschenke

Nachdem ihr euch gegenseitig das Eheversprechen gegeben habt, könnt ihr ein ganz persönliches Geschenk mit passenden Worten überreichen.

Beispiele sind:

- Ringe – für Liebe und Verbundenheit
- Schmuck – der den anderen beschützen, tragen, führen soll
- ein Herz aus Rosenquarz – damit die Liebe immer fließt
- eine Trommel – damit man immer auf den Herzschlag des anderen hört
- eine Reise zu einem Urlaubsziel, das man immer schon gemeinsam sehen wollte
- ein besonderes Erlebnis (beispielsweise Delfinschwimmen auf Hawaii)

Segnung

Nach dem sehr persönlichen Eheversprechen kann eine kleine Segnung durchgeführt werden. Segnen bedeutet, Licht und Liebe aus der Schöpfung in eine Angelegenheit hineinfließen zu lassen, damit sie von deren Frequenz getragen wird. Zu segnen bedeutet, mit Licht zu versehen.

Die Segnung der Ringe und von euch als Brautpaar kann ebenfalls sehr individuell verlaufen. Hier einige mögliche Elemente:

Das Band

Der Leiter kann zur Segnung ein schönes Band verwenden, das er um die Hände, die ihr euch reicht, legt.

Rot kann für Liebe stehen, Gold für Segen, Blau für Schutz. Man kann auch ein eigens hergestelltes Band mit passenden Worten über die Hände von Braut und Bräutigam legen, etwa:

»Möget ihr allzeit in Liebe verbunden sein. Möge eure Liebe euch tragen. Möget ihr euch in guten wie in schweren Zeiten die Hände reichen und zusammen sein. Möge die Liebe euch leiten und führen. Möge eure Liebe viel Segen für euch und für alle, die mit euch verbunden sind, bringen.«

Die Ringe

Ihr und der Leiter könnt die Ringe in die Hand nehmen und mit den folgenden Worten segnen: »Mögen Liebe und viel Segen in diese Verbindung fließen. Möge diese Liebe euch/uns allzeit verbinden und tragen.«
Die Ringe können auch mit geweihtem Wasser gesegnet werden, beispielsweise mit Weihwasser oder Wasser von besonderen Quellen und heiligen Orten. Anschließend steckt ihr sie euch gegenseitig an.

Der Blütenlei

Blüten sind ein Symbol der Öffnung, der Empfänglichkeit für das Licht, für die Liebe und für die Schönheit der Schöpfung. Der Blütenlei symbolisiert das Willkommensein und die Liebe, die alles durchströmt. Ein Lei ist ein ganz besonderes Geschenk. Ihr könnt jeweils einen Blüten- und einen Blätterlei tragen. In der Segnung werden diese Leis miteinander getauscht, zum Beispiel mit folgenden Worten:

»Ich lege den Lei der Liebe um dich.
Möge meine Liebe sich um dich wie ein schützender,
wärmender Mantel legen.
Möge meine Liebe dich tragen, führen,
warm halten und erinnern.
Mögest du dich immer und überall geliebt fühlen,
wo immer die Wege dich hinführen. Aloha.«

Um diesen Segen nachwirken zu lassen, kann eine schöne Musik, die ihr für diesen Moment gewählt habt, abgespielt werden. Um diesen Augenblick der Liebe zu ehren, kann noch ein weiterer Höhepunkt eingebaut werden. Hier einige Möglichkeiten:

- Ihr könnt gemeinsam ein Feuer der Liebe entzünden. Dazu wird ein Feuertopf, in dem Holz aufgeschichtet ist, aufgestellt. Ihr entzündet zusammen das Feuer und gebt eine besondere Räuchermischung hinein, symbolisch für das Feuer der Liebe, das alle Anwesenden segnen kann.
- Eine gemeinsam gestaltete Hochzeitskerze kann entzündet werden. Sie sollte allerdings windgeschützt in einem Glas oder in einer Laterne stehen, damit sie gut brennen kann.
- Ein Hulatanz/Tanz der Liebe oder eine Gesangseinlage kann für euch dargeboten werden, es kann eine kleine Aufführung stattfinden, oder es kann ein Gebet oder Gedicht für euch vorgetragen werden.
- An dieser Stelle können auch alle Anwesenden gemeinsam ein besonderes Lied singen.

Anschließende *Feier* und Zusammensein

Überlegt im Vorfeld: Wie groß soll die Feier werden, und wie lange soll sie dauern? Soll sie im engen Familienkreis stattfinden, oder wird beispielsweise das ganze Dorf dazu eingeladen? Soll zu Hause oder in einem passenden Lokal gefeiert werden?

Hier ist es wichtig, rechtzeitig den Ort festzulegen, das Lokal und eventuell eine Band zu buchen und den Gästen eine genaue Beschreibung zu geben, wo gemeinsam gefeiert, getanzt und gelacht wird. Wenn die Gäste etwas für das Buffet beisteuern, sollte ein Tisch dafür aufgebaut sein und Geschirr bereitstehen.

Gästebuch

Ihr könnt bei der Feier ein Buch herumgehen lassen, in das die Gäste Glückwünsche oder ein paar schöne Worte zum Tag hineinschreiben. Eine nette Variante ist es auch, wenn die Gäste mit einer Sofortbildkamera Fotos schießen können. So kann gleich das passende Bild zu den Wünschen eingeklebt werden.

Kleine Rituale für das Brautpaar

Die Schale des Lichts

Man kann eine wunderschöne Schale für das Brautpaar auswählen und die dazu passende Geschichte aufschreiben oder vortragen:

»Jedes Kind wird mit einer Schale voll von reinem, göttlichem, einzigartigem Licht geboren. So auch ihr zwei.
Zur Geburt erhält in Hawaii jedes Kind von den Ältesten eine echte Schale, die es an dieses wundervolle, einzigartige Licht im Inneren erinnern soll. Dieses Licht ist das Glück und das Lebenselixier, das Leuchten der Liebe im Innersten.
Wenn wir durch das Leben gehen und Erfahrungen machen, die uns aus dem Gleichgewicht bringen, ist es, als ob jemand uns Pohaku – Steine – in die Schale des Lichts legt. Sie blockieren

unser Licht, und wir können nicht mehr in unserer einzigartigen geistigen Größe leuchten und glänzen.
Die Hawaiianer haben eine einfache Lösung dafür. Jeden Abend vor dem Sonnenuntergang schauen sie in ihre Schale des Lichts. Sie drehen die Schale um, sodass alles in das Meer der Schöpfung fallen kann, was sich am Tag in der Schale gesammelt hat. So kann das Licht immer funkeln, leuchten und strahlen.
Es gibt zwei Arten von Steinen, die das Licht des Glücks verdrängen oder verdunkeln. Jeder von ihnen steht dabei für einen schweren Gedanken, mit dem wir unsere Macht des Glücks an etwas verschenken, das außerhalb von uns liegt. *Lili* ist ein Gedanke, der uns Mangel suggeriert und dafür sorgt, dass wir niemals zufrieden sind. Er beginnt meist mit ›Ach, hätte ich doch nur …‹. *Nini* ist der Gedanke, dass andere Personen glücklicher sind als wir. Er beginnt meist mit ›Wäre ich doch nur wie …‹. Das Glück kann durch das Leeren der Schale wiederhergestellt werden.

Wenn zwei Menschen heiraten, dann mehrt sich das Licht der Liebe. Sie erhalten eine eigene Schale des Lichts für ihre Beziehung. Diese Schale möchte ich euch hiermit überreichen. Möge das Licht eurer Liebe in vollem Glanze erstrahlen. Wenn sich Steine oder Dunkelheit über euer Licht legen, so leert die Schale in den Ozean der Freude, damit das Licht der Liebe immer für euch leuchten kann. Nehmt an, was das Leben euch schenkt. Segnet den Augenblick, und folgt der Kraft, die in euch und in eurer Beziehung wohnt. Sie wird das Glück für euch bewahren. Hütet die Schale eures Lichts, behaltet sie gemeinsam im Auge. Reinigt sie immer wieder von negativen Ansammlungen, damit euer Licht auf einzigartige Weise in der Welt für euch und alles, was aus eurer Verbindung hervorgeht, strahlen kann.«

Es gibt verschiedene Variationen zur Übergabe der Schale an das Paar: Eine Person kann die Schale mit dieser Geschichte überreichen und dazu ein Segensgeschenk für das Paar hineinlegen. Es können aber auch alle Gäste eine Kleinigkeit für das Paar in die Schale des Lichts legen, etwa ein Blatt Papier mit einem Gedicht, sodass die Schale sich mit der Liebe der Gemeinschaft füllt.

Der Kelch der Liebe

Auch hierzu gibt es eine schöne Geschichte: Der Kelch steht für Schöpferkraft, Liebe, Freude, Vereinigung und Glück. Früher war es üblich, dass die Eltern ihrer Tochter den Kelch überreichten. Die Tochter wählte aus, mit wem sie den Kelch teilen mochte.

So kann man der Braut den Kelch überreichen, und sie kann ihrem zukünftigen Gemahl in die Augen schauen und ihm mit eigenen Worten den Kelch reichen, zum Beispiel: »Ich möchte mit dir den Kelch teilen, um die Schöpfung, die aus unserer Liebesverbindung hervorgehen wird, mit Glück und Freude zu segnen.« Beide trinken aus dem Kelch der Liebe und gießen einen kleinen Schluck für die Schöpfung auf die Erde. Danach brechen sie das vorher gemeinsam gebackene Brot, teilen es miteinander und mit der Gemeinschaft. Das Teilen steht für die Quelle, die man gemeinsam öffnet, und für die Nahrung, die man sich gegenseitig gibt – das Mana der Liebe.

Das symbolische Wappen, der Schild oder das Schutzzeichen der Beziehung

Schilde haben in vielen Traditionen eine besondere Bedeutung, da sie Schutz, Verbundenheit und bestimmte Kräfte symbolisieren, die aus einer gemeinsamen Beziehung hervorgehen.

Der Leiter nimmt im Vorfeld der Zeremonie gemeinsam mit euch eine schamanische Reise oder eine Meditation zum Schild oder Wappen vor, in der ihr Antworten auf die folgenden Fragen findet:

Welche geistigen Kräfte wachen über die Beziehung? Gibt es ein gemeinsames Krafttier, ein Symbol, Engelkräfte, Meister, Edelsteine …?

Diese können dann auf einen Stein, ein Stück Stoff oder Leder gemalt werden.

Das Symbol kann mit euch in der Zeremonie gesegnet werden, sodass die Liebe, die in solchen Zeremonien frei wird, in das Zeichen hineinfließt. Nach der Zeremonie könnt ihr diesem einen schönen Platz im gemeinsamen Heim schenken.

MEDITATION

Die Meditation könnt ihr gemeinsam als Paar machen oder jeder für sich. Wenn ihr noch keine Erfahrung mit schamanischen Reisen oder Meditieren habt, hier eine kurze Anleitung:

Nehmt euch ausreichend Zeit, und stellt sicher, dass ihr nicht gestört werdet. Bereitet den Raum so vor, dass ihr euch darin wohlfühlt und dass ihr ganz für euch sein könnt. Sanfte Musik, gedämpftes Licht, Kerzenschein und ein angenehmer Duft unterstützen euch dabei, zu entspannen.

Findet die Fragen, nach deren Antwort ihr sucht. Zum Beispiel: »Welches Symbol unterstützt uns?«, »Welche Energien tragen uns?« …

Dann nehmt eine bequeme Position ein, sitzend oder liegend, und schließt eure Augen. Atmet ein paarmal tief ein und wieder aus. Konzentriert euch für einige Minuten nur auf euren Atem, beobachtet, wie ihr einatmet und ausatmet. Atmet ganz bewusst ein, und folgt eurem Atem in euren Körper: durch die Nase, die Luftröhre und in die Lunge bis tief in den Bauch hinein. Atmet wieder aus, und folgt auch hier eurem Atem, bis er euren Körper wieder verlässt. Einatmen, ausatmen …

Atmet nun für ein paar Atemzüge in eurer Vorstellung durch euer Herz ein und wieder aus. Fühlt den Raum, den der Atem einnimmt. Spürt die Weite und die Wärme in eurem Herzen. Seid einfach ganz bei euch, in eurem Körper.

Wenn ihr ruhig geworden seid, könnt ihr in eurem Bewusstsein eure Frage stellen. Beobachtet, was sich zeigt. Seid offen.

Wenn ihr eine Antwort habt, kehrt langsam wieder zu eurem Alltagsbewusstsein zurück. Spürt bewusst euren Körper, bewegt Hände und Füße, atmet ein paarmal tief ein und aus. Seid euch gewahr, dass ihr wieder ganz im Hier und Jetzt seid. Dann haltet eure Eindrücke und Antworten schriftlich fest, solange die Erinnerung daran noch frisch ist.

Tipps:

Macht euch keinen Druck, wenn vielleicht beim ersten Mal nicht gleich alles klappt und ihr noch keine Antwort wahrgenommen habt. Jeder Mensch nimmt anders wahr und hat seinen eigenen Zugang. Ihr werdet euren Weg finden, jeder für sich. Es kann sein, dass der eine etwas riecht, der andere bunte Bilder sieht, Worte hört oder die Antwort einfach weiß. Lasst euch führen, seid ganz bei euch, und traut eurer Wahrnehmung. Manchmal zeigt sich die Antwort auch im Alltag, und ihr seht etwas an und wisst: Das ist es. Es gibt kein Richtig oder Falsch.

Alternative zur Meditation:

Bei euch sein und Antworten erhalten könnt ihr auch auf andere Weise. Wenn ihr gern in der Natur seid, könnt ihr einen Spaziergang im Wald machen. Stellt euch vorab die Fragen, und geht dann bewusst, achtsam und still durch den Wald. Seid offen und entspannt. Die Antworten können sich auf vielfältige Weise zeigen.

Die Hochzeitskerze

Die Hochzeitskerze könnt ihr gemeinsam anfertigen und mit Symbolen der Liebe und Kraft, mit Blumen und Bändern sowie euren Namen versehen. Sie steht für Harmonie und Liebe in der Ehe. Diese Kerze könnt ihr während der Zeremonie gemeinsam entzünden und dazu ein Gedicht, ein Gebet oder einen Segen sprechen.

Reis und Rosenblüten werfen

Ein sehr alter Brauch ist es, das Brautpaar nach der Zeremonie mit Reis und Rosenblüten zu bewerfen. Die Rosen stehen für Liebe, Sanftheit und die Verbindung, der Reis steht für Glück sowie Fruchtbarkeit und soll böse Geister gnädig stimmen.
In Anlehnung an diese alte Tradition sind in den letzten Jahren immer mehr Alternativen zum klassischen Reiswerfen und Blütenstreuen entstanden. So können eure Gäste für euch Seifenblasen oder Luftballons mit guten Wünschen steigen lassen, Wunderkerzen entzünden oder nach einem hawaiianischen Brauch Schmetterlinge fliegen lassen.

Den Brautstrauß, das Strumpfband werfen

Nach der Hochzeit, häufig um Mitternacht, versammeln sich alle unverheirateten Frauen. Die Braut dreht sich mit dem Rücken zu ihnen und wirft ihren Brautstrauß oder ihr Strumpfband. Die Frau, die den Strauß oder das Band fängt, wird als Nächste den Bund der Ehe eingehen, so heißt es.

Die Hochzeitstorte gemeinsam anschneiden

Das Anschneiden der Torte ist oft eine der ersten »Amtshandlungen« des Paares im Kreise der Gemeinschaft nach der Eheschließung. Hier ist besonders auf die Handhaltung zu achten: Derjenige, dessen Hand auf der des Partners liegt, wird angeblich auch in der Ehe »das Sagen« haben.

Brot und Salz

Brot und Salz werden stets in Übergangsriten überreicht. Freunde und Bekannte schenken sie zum Beispiel zur Hochzeit, wenn das Brautpaar gemeinsam in eine neue Wohnung zieht. In Verbindung stehen Brot und Salz für geistige, spirituelle, physische Nahrung sowie für die Würze des Lebens, für Reichtum und für Wohlstand.

Die Geheimnisse der Braut für eine gute Ehe

Gemäß einer alten Überlieferung sollte die Braut etwas Altes, etwas Neues, etwas Geliehenes und etwas Blaues bei sich tragen.
Das Alte kann etwa durch Familienschmuck symbolisiert werden. Es steht für die Vergangenheit, für das vergangene Leben der Braut und für die Familientradition.
Das Neue steht für die Zukunft, für den eigenen Weg, für die Schöpfer- und für die Gestaltungskraft. Dies kann der Ehering oder ein anderes Symbol sein.
Das Geliehene, was durch geborgten Schmuck wie Ohrringe oder eine Kette symbolisiert werden kann, ist ein Zeichen der Freundschaft.
Das Blaue wird oft durch das Strumpfband repräsentiert und steht für Verbundenheit, Schutz, Beständigkeit und Treue.

Außerdem soll die Braut eine Silbermünze im linken Brautschuh verstecken, die ihr finanziellen Wohlstand, Glückseligkeit und Freude in der Ehe bringen soll.

Die Braut über die Wohnungsschwelle tragen

Nach der Hochzeit, bevor das Paar die gemeinsame Wohnung zum ersten Mal als Ehepaar betritt, trägt der Bräutigam seine Braut über die Türschwelle. Dahinter steht der Gedanke, dass schlechte Geister auf diese Weise keine Möglichkeit haben, die Braut zu berühren. So bleibt das Glück auf ewig im gemeinsamen Heim.

Ablaufplan einer Segens-Zeremonie

1. ÜBERBRÜCKUNG DER ZEIT, BIS ALLE GÄSTE EINGETROFFEN SIND

Bis zum Eintreffen aller Gäste kann zum Beispiel ein Sektempfang stattfinden.

2. BEGINN

Die Segenszeremonie wird mit einem deutlichen Signal eröffnet. Man kann dazu entweder einen Gong anschlagen, ein Glöckchen läuten oder eine Rassel schütteln.

3. BEGRÜSSUNG

Der Leiter der Zeremonie begrüßt alle Anwesenden und stellt sich vor. Dies kann so ausfallen: »Hallo, alle zusammen. Schön, dass ihr der Einladung gefolgt seid, um gemeinsam mit dem Brautpaar diesen besonderen Tag zu erleben. Ich heiße … und leite diese Zeremonie.«

Es folgen einige Worte zur Erklärung des Ablaufs. Danach kann der Leiter eventuell auftretende Fragen beantworten. Wenn alle Gäste ihre Plätze eingenommen haben, kann mit der eigentlichen Zeremonie begonnen werden. Einleitend können ein passendes Gedicht vorgelesen oder ein paar feierliche Worte gesprochen werden, etwa: »Dass wir uns hier versammelt haben, hat einen Grund: Das Brautpaar (schöner ist es, die jeweiligen Vornamen zu nennen) hat beschlossen, sich das Jawort zu geben und gemeinsam vor den versammelten Gästen um den Segen der Geistigen Welt zu bitten.«

4. EINZUG DER BRAUT

Die Braut wird von ihrem Vater oder einem Stellvertreter begleitet und dem Bräutigam übergeben. Es ist sehr schön, wenn dies von einer passenden Musik begleitet wird. Hier kann dem Brautvater die Frage gestellt werden, ob er bereit ist, seine Tochter in die Hand des Bräutigams zu übergeben. Nachdem er dies bejaht hat, betritt das Paar gemeinsam den Kreis oder tritt nach vorn an den Altar, je nach Form, die gewählt wurde.

5. TEMPEL DES LICHTS

Ein Tempel aus Licht wird errichtet, um Achtung und Respekt auszudrücken. Dazu können Kerzen für die vier Himmelsrichtungen entzündet werden.

6. EINLADUNG DER ELEMENTE UND DER GEISTIGEN FÜHRUNG

Die Elemente werden eingeladen, der Zeremonie beizuwohnen. Außerdem kann man Engel, Krafttiere, geistige Führer usw. einladen und sie um Schutz, Führung und Segen für die Zeremonie bitten. Dabei können gleichzeitig die Trauzeugen (die in der jeweiligen Himmelsrichtung ihren Platz eingenommen haben) vorgestellt werden.

7. DANK AN DIE ELTERN, SEGNUNG UND EHRUNG DER ELTERN

Die Eltern werden in den Kreis gebeten, damit ihnen gedankt werden kann. Falls ihr glaubt, es gäbe nichts, wofür ihr euch bedanken könnt, versucht es mit »Danke für mein Leben«. Die Eltern müssen nicht persönlich anwesend sein. Es reicht, wenn ihr sie im Geiste einladet und sie visualisiert. In dem Fall wäre es aber schön, wenn ihr für sie eine Kerze anzündet.

Die Worte des Dankes an die Eltern können mit der Übergabe eines kleinen symbolischen Geschenks an sie verbunden werden. Jeder Partner übergibt seinen eigenen Eltern deren Geschenk. Gleichzeitig mit dem Dank kann auch um den Segen der Eltern für die Verbindung und für den Weg, den man nun gemeinsam als Paar geht, gebeten werden. Dies dient dazu, sich vom Kindsein zu verabschieden und nun in die Verantwortung für das eigene Leben zu treten, und kann von folgenden Worten begleitet werden:
»Danke für all das, was ich bisher von euch erhalten habe. Danke für mein Leben und für die Liebe, mit der ihr mich großgezogen habt. Ich bin nun erwachsen und bereit, meinen eigenen Weg an der Seite meiner Frau/meines Mannes zu gehen. Ich bitte euch um euren Segen für diese Verbindung.«
Anschließend kehren die Eltern wieder zurück an ihren Platz.

Durch die Ehrung derer, die vor uns waren, geschieht auch Heilung in uns. Wir sind schließlich aus unseren Ahnen hervorgegangen. Leider ist in unserer Kultur das Danke-Sagen ein wenig in Vergessenheit geraten und dem »Ich will noch …« und »Ich hätte gern noch …« gewichen. Wir können es ändern. Danke zu sagen, bedeutet, die Liebe, die uns gegeben wurde, anzuerkennen.

Die Segenszeremonie ist eine wunderbare Möglichkeit, unseren Eltern vor der versammelten Gemeinschaft Wertschätzung und Dankbarkeit entgegenzubringen. Wie oft nehmen wir uns solche Dinge vor und finden doch nie den richtigen Zeitpunkt dafür?

Eine Heirat bedeutet nicht nur, dass zwei Menschen sich füreinander entscheiden, sondern auch, dass zwei Sippen aufeinandertreffen und eine Verbindung eingehen. Da ist es nur förderlich, die Familie des Partners ebenfalls wertzuschätzen. Aus eigener Erfahrung wissen wir, wie tief berührend eine solche Begegnung in Liebe, Wertschätzung und Dankbarkeit sein kann.

Sollte das Verhältnis zur Familie jedoch zu angespannt sein, raten wir eher davon ab. Fühlt einfach in euch hinein.

8. EHEVERSPRECHEN

Die beiden Partner tragen nacheinander ihr Eheversprechen vor.

9. ANSTECKEN DER RINGE

Die Ringe können direkt nach dem Eheversprechen gegenseitig angesteckt werden. Ihr könnt die Ringe auch separat vor dem Eheversprechen segnen lassen oder dies in die Segnung der Verbindung einbinden.

10. SEGNUNG DES BRAUTPAARES

Der Leiter der Zeremonie legt ein Band um die Hände von Braut und Bräutigam, an denen sie die Ringe tragen, und bittet um den Segen für die Liebe dieser beiden Menschen. An dieser Stelle ist es schön, eine passende Musik einzuspielen.

11. SEGEN DER TRAUZEUGEN AUS DEN VIER HIMMELSRICHTUNGEN

Nach dem Segen und dem besonderen Höhepunkt folgt nun der Segen der Trauzeugen aus den vier Himmelsrichtungen. Der Leiter kann diesen moderieren und anleiten. Er kann die Trauzeugen nacheinander mit Namen aufrufen und noch einige Worte

zu dem Segen der vier Himmelsrichtungen sagen, etwa: »Möge das Brautpaar in jeder Richtung, die es wählt, Segen, Glück, Liebe und Freude erfahren.« Wer darin bewandert ist, kann hier auch das Medizinrad der indianischen Tradition verwenden.

Die Trauzeugen des Ostens (Ort des Sonnenaufgangs) treten vor das Brautpaar und geben ihm mit persönlichen Worten, Gesten oder einem Lied den Segen. Sie überreichen ihm ein symbolisches Geschenk. Das Brautpaar kann ebenfalls ein kleines Geschenk der Liebe den Trauzeugen geben. Anschließend gehen die Trauzeugen des Ostens wieder an ihren Platz. Die nächsten Trauzeugen aus dem Süden (Sonnenhöchststand) treten vor das Paar. Es folgen die Trauzeugen aus dem Westen (Sonnenuntergang), dem Norden (Nacht) und dem Äther.

Alle Trauzeugen können das Brautpaar dann mit einer Geste oder einem Lied abschließend noch einmal gemeinsam segnen. So können sie die Hände in den Himmel heben und den goldenen Regen des Segens zu ihm senden, etwa mit den Worten: »Möge der goldene Regen des Segens durch euch fließen und in alles hineinströmen, womit ihr sichtbar und unsichtbar verbunden seid, zum Segen und zur Ehre der gesamten Schöpfung. Möge die Liebe eure Schritte lichtwärts lenken.«

Hier kann auch ein Lied gespielt werden oder im Hintergrund laufen, damit dieser Segen nachwirken kann.
Zur Krönung der Liebe darf sich das Brautpaar nun küssen.

12. ABSCHLIESSENDE WORTE

Zum Schluss der Zeremonie ist es schön, wenn einige abschließende Worte gesprochen werden. Sie beenden die Zeremonie, segnen das Brautpaar und sollten ihrem Motto entsprechen. Besonders schön ist es, die Worte mit Segensgesten zu kombinieren, wie Quellwasser sprenkeln, Rosenblüten regnen lassen etc. Abschließende Worte könnten zum Beispiel sein:

»Möget ihr auf den Spuren des Glücks wandeln und ihnen auf dem gemeinsamen Weg folgen. Mögen sich eure gemeinsamen Träume erfüllen, und möget ihr in guten wie in schweren Zeiten zusammenstehen und allzeit der Liebe vertrauen, die euch zusammengeführt hat, die euch trägt und die ihr heute als Paar bezeugt und öffentlich gemacht habt. Mögen die Liebe und der Segen euch tragen. Drei Engel mögen euch begleiten, eure Liebe wohl behüten und euch segnen auf eurem gemeinsamen Weg, sodass dem Glück niemals etwas entgegensteht: Der Engel der Liebe, der Engel des Segens und der Engel des unbegrenzten Glücks im Himmel und auf Erden, eine Liebe, neues Werden.«

13. SEGEN UND GUTE WÜNSCHE

Es folgt der Segen von Freunden, Familienmitgliedern und Bekannten. Hier kann ebenfalls eine Hintergrundmusik gespielt werden. Die Gäste können nun nacheinander zu dem Brautpaar treten und ihm Segen, ein kleines Geschenk, Aloha-Girlanden und liebe Worte mit auf den Weg geben. Das Brautpaar kann seinerseits den Gästen ein kleines Geschenk überreichen, etwa eine Blüte, einen Edelstein, einen Blütenlei …

Vielleicht möchte es den Gästen ein vorher von ihm gemeinsam gebackenes Brot anbieten als Symbol für die Fruchtbarkeit und das gemeinsame Hüten des Herd- bzw. Beziehungsfeuers.

14. EMPFANG DURCH DIE GÄSTE

Nach der Segnung wird das Brautpaar feierlich in der Gemeinschaft begrüßt. Dabei kann ein Lied laufen oder gemeinsam gesungen werden (denkt daran, ggf. vorher Liedblätter zu verteilen), man kann Fackeln oder Wunderkerzen entzünden und Rosenblüten oder Reis werfen. Außerdem kann man Luftballons mit Segenswünschen in den Himmel steigen lassen.

Gemäß manch altem Brauchtum wird dem Brautpaar hier noch ein kleines Hindernis in den Weg gelegt, das gemeinsam als erste Hürde genommen werden muss, zum Beispiel:

- einen Baumstamm durchsägen
- über ein Seil springen
- die Braut über ein Hindernis tragen
- ein Herz aus einem großen Stück Stoff ausschneiden und gemeinsam hindurchklettern

Eine wunderschöne Abschlussgeste ist, wenn alle anwesenden Gäste ihre Hände auf das Brautpaar legen und es auf diese Weise in der Gemeinschaft willkommen heißen. Es kann dann in der Mitte zwei Herzluftballons in den Himmel steigen lassen.
Nun darf es die Glückwünsche und die Liebe seiner Gäste entgegennehmen und sich freuen.

15. FEIER

Es folgt gemeinsames Essen, Tanzen …

Ablaufplan einer Hochzeits-Wiederholung

1. ÜBERBRÜCKUNG DER ZEIT, BIS ALLE GÄSTE EINGETROFFEN SIND

Bis zum Eintreffen aller Gäste kann zum Beispiel ein Sektempfang stattfinden.

2. BEGINN

Die Segenszeremonie wird mit einem deutlichen Signal eröffnet. Man kann dazu entweder einen Gong anschlagen, ein Glöckchen läuten oder eine Rassel schütteln.

3. BEGRÜSSUNG

Der Leiter der Zeremonie begrüßt alle Anwesenden und stellt sich vor. Dies kann so ausfallen: »Hallo, alle zusammen. Schön, dass ihr der Einladung gefolgt seid, um gemeinsam mit dem Brautpaar diesen besonderen Tag zu erleben. Ich heiße … und leite diese Zeremonie.«

Es folgen einige Worte zur Erklärung des Ablaufs. Danach kann der Leiter eventuell auftretende Fragen beantworten. Wenn alle Gäste ihre Plätze eingenommen haben, kann mit der eigentlichen Zeremonie begonnen werden. Einleitend können ein passendes Gedicht vorgelesen oder ein paar feierliche Worte gesprochen werden, etwa: »Dass wir uns hier versammelt haben, hat einen Grund: Das Brautpaar (schöner ist es, die jeweiligen Vornamen zu nennen) hat beschlossen, sich ein weiteres Mal das Jawort zu geben und gemeinsam vor den versammelten Gästen um den Segen der Geistigen Welt zu bitten.«

4. VORBEREITUNG UND EINZUG DES BRAUTPAARES

Die Braut befindet sich mit den Trauzeuginnen (oder ihrem Vater) an einem Ende des Weges. Der Bräutigam steht mit den Trauzeugen am anderen Ende des Weges. Beide bereiten sich innerlich auf die Zeremonie vor und treten nach vorn. Musik beginnt, zu spielen. Vielleicht werden auf den Weg der Braut Rosenblüten gestreut, und der Bräutigam wird mit Fackeln begleitet. Die beiden Partner gehen aufeinander zu. Sie treffen sich in der Mitte, legen ihre Hände ineinander und schauen sich in die Augen. Ihnen wird die Frage gestellt: »Seid ihr bereit, ein zweites Mal von Herzen Ja zueinander zu sagen?« Nachdem Braut und Bräutigam dies bejaht haben, kann ihnen jeweils ein Blütenlei überreicht werden. Anschließend nehmen sie gemeinsam ihre Plätze ein.

5. TEMPEL DES LICHTS

Ein Tempel aus Licht wird errichtet, um Achtung und Respekt auszudrücken. Dazu können Kerzen für die vier Himmelsrichtungen entzündet werden.

6. EINLADUNG DER ELEMENTE UND DER GEISTIGEN FÜHRUNG

Die Elemente werden eingeladen, der Zeremonie beizuwohnen. Außerdem kann man Engel, Krafttiere, geistige Führer usw. einladen und sie um Schutz, Führung und Segen für die Zeremonie bitten. Dabei können gleichzeitig die Trauzeugen (die in der jeweiligen Himmelsrichtung ihren Platz eingenommen haben) vorgestellt werden.

7. DIE GESCHICHTE EINER LIEBE – WIE HAT DAS BRAUTPAAR SICH GEFUNDEN?

An dieser Stelle hat das Brautpaar Gelegenheit, vor den Gästen seine Liebesgeschichte zu erzählen.

Wie hat es sich kennengelernt?
Was hat es zusammengeführt?
Was hat es aneinander fasziniert?
Was teilt es miteinander?

Die wichtigsten Daten können dabei aufgeführt werden (Kennenlernen, Hochzeit, Geburt der Kinder, gemeinsame Projekte ...). Außerdem können Antworten auf die folgenden Fragen gegeben werden:
Was ist oder war bisher das gemeinsame Lebensmotto des Paares? Was sind die gemeinsamen Lieder? Was hat diesem Paar Kraft gegeben? Was waren besondere Momente in der gemeinsamen Zeit? Welche Hürden wurden gemeinsam überwunden?
Hier kann auch eine Person sprechen, die die Liebe des Paares von Anfang an begleitet hat, etwa einer der Trauzeugen. Was ist so faszinierend, so besonders an dieser Liebe? ...

Das Paar entzündet die Kerzen für die miteinander verbrachten Lebensjahre und für die besonderen Jahre, in denen die Kinder geboren wurden. Hier können auch Bilder der gemeinsamen Zeit über einen Beamer gezeigt werden. Das Paar lässt gemeinsam mit dem Leiter den Segen in die Jahre hineinfließen. Es ehrt somit diese Zeit.

8. SEGNUNG UND EHRUNG DER ELTERN

Braut und Bräutigam zünden Kerzen für ihre Eltern an. Wenn die Eltern noch leben, können sie sie segnen und ihnen das sagen, was sie ihnen mitteilen möchten. Wenn sie nicht mehr leben, können sie ihnen eine Gedenkminute widmen und von Herz zu Herz mit ihnen kommunizieren.

9. ERNEUTES EHEVERSPRECHEN

Die Hände der Partner werden zusammengeführt, die Segnung wird ausgesprochen. Es folgt die Liebeserklärung, zuerst die des Bräutigams an die Braut, dann die der Braut an den Bräutigam. Hier können die Partner auch das aussprechen, was sie in all den Jahren miteinander erlebt und am meisten aneinander geschätzt und geliebt haben, etwa: »Danke, dass du immer für uns gesorgt hast und ich dich jederzeit erreichen konnte«, »Danke, dass du da warst« usw.

Es sind oft die alltäglichen, kleinen Gesten, die eine Liebe krönen. Achtung – hier können Tränen fließen, bei allen.

Die Partner tauschen nun ihre Blütenleis. Anschließend folgt der besondere Höhepunkt, zum Beispiel ein Tanz, eine Gesangsdarbietung oder eine Vorführung für das Paar.

10. SEGNUNG DER KINDER/GEMEINSAMER PROJEKTE

Das Paar fängt mit dem ältesten Kind an und sagt ihm, was es ihm geschenkt und gegeben hat und was es an dem Kind besonders schätzt. Das Paar setzt diese Vorgehensweise mit allen Kindern fort. Hier ist es möglich, dass die Kinder, wenn sie wollen, ihren Eltern auch etwas sagen.

Man kann an dieser Stelle auch Segen in gemeinsame Projekte geben.

11. SEGEN DER TRAUZEUGEN AUS DEN VIER HIMMELSRICHTUNGEN

Nach dem Segen und dem besonderen Höhepunkt folgt nun der Segen der Trauzeugen aus den vier Himmelsrichtungen. Der Leiter kann diesen moderieren und anleiten. Er kann die Trauzeugen nacheinander mit Namen aufrufen und noch einige Worte zu dem Segen der vier Himmelsrichtungen sagen, etwa: »Möge das Brautpaar in jeder Richtung, die es wählt, Segen, Glück, Liebe und Freude erfahren.« Wer darin bewandert ist, kann hier auch das Medizinrad der indianischen Tradition verwenden.

Die Trauzeugen des Ostens (Ort des Sonnenaufgangs) treten vor das Brautpaar und geben ihm mit persönlichen Worten, Gesten oder einem Lied den Segen. Sie überreichen ihm ein symbolisches Geschenk. Das Brautpaar kann ebenfalls ein kleines Geschenk der Liebe den Trauzeugen geben. Anschließend gehen die Trauzeugen des Ostens wieder an ihren Platz. Die nächsten Trauzeugen aus dem Süden (Sonnenhöchststand) treten vor das Paar. Es folgen die Trauzeugen aus dem Westen (Sonnenuntergang), dem Norden (Nacht) und dem Äther.

Alle Trauzeugen können das Brautpaar dann mit einer Geste oder einem Lied abschließend noch einmal gemeinsam segnen. So können sie die Hände in den Himmel heben und den goldenen Regen des Segens zu ihm senden, etwa mit den Worten: »Möge der goldene Regen des Segens durch euch fließen und in alles hineinströmen, womit ihr sichtbar und unsichtbar verbunden seid, zum Segen und zur Ehre der gesamten Schöpfung. Möge die Liebe eure Schritte lichtwärts lenken.«

Hier kann auch ein Lied gespielt werden oder im Hintergrund laufen, damit dieser Segen nachwirken kann.
Zur Krönung der Liebe darf sich das Brautpaar nun küssen.

12. ABSCHLIESSENDE WORTE

Zum Schluss der Zeremonie ist es schön, wenn einige abschließende Worte gesprochen werden. Sie beenden die Zeremonie, segnen das Brautpaar und sollten ihrem Motto entsprechen. Besonders schön ist es, die Worte mit Segensgesten zu kombinieren, wie Quellwasser sprenkeln, Rosenblüten regnen lassen etc. Abschließende Worte könnten zum Beispiel sein:
»Möget ihr auf den Spuren des Glücks wandeln und ihnen auf dem gemeinsamen Weg folgen. Mögen sich eure gemeinsamen Träume erfüllen, und möget ihr in guten wie in schweren Zeiten weiterhin zusammenstehen und allzeit der Liebe vertrauen, die euch zusammengeführt hat, die euch trägt und die ihr heute als Paar erneut bezeugt und öffentlich gemacht habt. Mögen die Liebe und der Segen euch tragen. Drei Engel mögen euch begleiten, eure Liebe wohl behüten und euch segnen auf eurem gemeinsamen Weg, sodass dem Glück niemals etwas entgegensteht: Der Engel der Liebe, der Engel des Segens und der Engel des unbegrenzten Glücks im Himmel und auf Erden, eine Liebe, neues Werden.«

13. SEGEN UND GUTE WÜNSCHE

Es folgt der Segen von Freunden, Familienmitgliedern und Bekannten. Hier kann ebenfalls eine Hintergrundmusik gespielt werden. Die Gäste können nun nacheinander zu dem Brautpaar treten und ihm Segen, ein kleines Geschenk, Aloha-Girlanden und liebe Worte mit auf den Weg geben. Das Brautpaar kann

seinerseits den Gästen ein kleines Geschenk überreichen, etwa eine Blüte, einen Edelstein, einen Blütenlei …
Vielleicht möchte es den Gästen ein vorher von ihm gemeinsam gebackenes Brot anbieten als Symbol für die Fruchtbarkeit und das gemeinsame Hüten des Herd- bzw. Beziehungsfeuers.

14. EMPFANG DURCH DIE GÄSTE

Nach der Segnung wird das Brautpaar feierlich in der Gemeinschaft begrüßt. Dabei kann ein Lied abgespielt oder gemeinsam gesungen werden (denkt daran, ggf. vorher Liedblätter zu verteilen), man kann Fackeln oder Wunderkerzen entzünden und Rosenblüten oder Reis werfen. Außerdem kann man Luftballons mit Segenswünschen in den Himmel steigen lassen.

Eine wunderschöne Abschlussgeste ist, dass alle anwesenden Gäste ihre Hände auf das Brautpaar legen und es auf diese Weise in der Gemeinschaft willkommen heißen. Es kann dann in der Mitte zwei Herzluftballons in den Himmel steigen lassen.
Nun darf es die Glückwünsche und die Liebe seiner Gäste entgegennehmen und sich freuen.

15. FEIER

Es folgt gemeinsames Essen, Tanzen …

Erfahrungsberichte

Bericht eines *Gastes*

Die Hochzeit war ein besonderer Tag für das Brautpaar und für mich, denn sie war einfach nur wunderbar und herrlich! Das Licht war mystisch und engelsgleich. Mit etwas anderem oder schon Erlebtem gibt es keinen Vergleich!
Alle Eingeladenen waren wie eine große Familie im Schein des Lichts, wie die Blüte einer schönen Lilie. Ich glaube, die Naturwesen haben sich gefreut!

Bericht einer *Braut*

Wir, mein Mann und unsere zwei Töchter, waren zusammen mit Jeanne auf Hawaii. In Urlaubslaune haben wir uns überlegt, dass eine Hochzeitszeremonie schön für uns wäre. Da unser Sohn jedoch nicht dabei war, war unsere Familie nicht vollzählig. So beschlossen wir, eine Segenszeremonie mit allen zusammen zu Hause durchzuführen.

Jeanne schickte uns eine Liste mit Fragen zu:

Was schätze ich an meinem Partner?
Wie lange kennen wir uns?
Was ist unsere Lieblingsmusik,
und welche Lieder hören wir gern gemeinsam?
Was wurde auf unserer Hochzeit gespielt?
Welche Segnungen geben wir unseren drei Kindern
mit auf den Weg? ...

Dies waren lauter Fragen, über die ich mir bis dahin keine Gedanken gemacht hatte, deren Antworten ich spontan nicht wusste oder die mir bis dahin völlig unwichtig waren.
Wir sind seit 26 Jahren zusammen, und es läuft mal besser und mal schlechter. So habe ich mich hingesetzt und darüber nachgedacht, was mir auf unserem gemeinsamen Lebensweg in der zweiten Hälfte unseres Lebens wichtig ist:

Passen wir noch zusammen?
Können wir uns gemeinsam weiterentwickeln?
Sind unsere Vorstellungen vom gemeinsamen
Leben identisch?
Was machen wir, wenn die Kinder aus dem Haus sind?

Solche Gedanken hatte ich mir vorher nie gemacht. Nun gab es einen Anlass, und das war sehr gut. Durch diese Zeremonie bin ich mir darüber klar geworden, was für ein toller Partner an meiner Seite lebt und was er alles leistet, ohne dass ich es gewürdigt hatte oder auf die Idee gekommen wäre, es zu achten. Mir wurde klar, was für besondere Kinder wir haben. Das Vertrauen, die Liebe, … – das alles war nach 26 Jahren unter all den Alltagssor-

gen, der Kindererziehung und vielen Aufgaben verborgen und verloren gegangen.
Die Zeremonie hat uns sehr bewegt und berührt und uns zum Nachdenken und zu vielen Gesprächen angeregt. Wir sind uns neu begegnet, haben uns wiedergefunden und gehen jetzt gemeinsam und bewusst in einen neuen Abschnitt unseres Lebens.

Bericht eines *Bräutigams*

In 12 Jahren toller Ehe hat uns doch immer irgendetwas gefehlt. Die erste Feier der Hochzeit (standesamtlich) war kurz, aber lustig, die zweite Feier (kirchlich) war aufwendig und schön, aber von diversen Missgeschicken begleitet, und so haben wir uns eine ganz spezielle dritte Hochzeitsfeier gewünscht.

Nach einem längeren Vorbereitungsprozess, begleitet von einer wunderbaren Freundin, haben wir mit unserer Hochzeit im Wald genau dieses Besondere bekommen. Wir haben uns in einem warmen Umfeld den Rest unseres Lebens geschenkt, mit den uns wichtigsten Menschen, mit den meist unsichtbaren Wesen, die uns umgeben und begleiten, an einem magischen Ort, in einer atemberaubenden Atmosphäre. Jetzt sind wir *komplett.*

Bericht eines Paares

Wir haben eine Hochzeitswiederholung nach 30 Jahren Ehe veranstaltet. Das war sehr besonders. Schon die Vorbereitungen brachten uns tief bewegende Gespräche. Wir haben Bilder der gemeinsamen Zeit und Lieder, die uns begleitet haben, zusammengestellt und über Freunde gesprochen, die in den vergangenen Jahren mit uns durch dick und dünn gegangen sind. Es ist viel Vergebung und Frieden in uns hineingeflossen.

Wir haben dabei bemerkt, wie viele Höhen wir erleben durften und Tiefen wir gemeinsam durchgestanden haben. Es war unglaublich bewegend, Segen, Wertschätzung und Ehre in unsere gemeinsame Zeit, in alles, was wir geschaffen und erlebt haben, hineinfließen zu lassen. Wir haben so viel gemeinsam gemeistert und unbemerkt oft in der Liebe zusammengestanden. Es war einfach unbeschreiblich berührend.

Es war sehr schön und zutiefst bewegend, unseren Kindern, die mittlerweile erwachsen sind, zu sagen, wie sehr wir sie lieben und ehren und was wir an ihnen schätzen, und uns selbst noch einmal ganz bewusst nach dieser Zeit in die Augen zu schauen und die Liebe, die wir vor 30 Jahren schon füreinander empfunden haben, bestätigt zu wissen.

Nach dieser Zeremonie ist viel für uns geheilt. Wir haben alles losgelassen und die Liebe und die Leichtigkeit neu für uns entdeckt. Wir sind uns als Paar wieder begegnet und haben Dinge entdeckt, die wir noch gemeinsam erleben möchten.

Ich danke aus tiefstem Herzen für diese wundervolle Erfahrung, die uns eine neue Richtung in der Liebe ermöglicht hat.

WEDDING CH

Anhang

Je klarer ihr als Brautpaar im Vorfeld alles Wichtige formuliert, desto leichter fließt die Zeremonie. Wichtig ist, dass sie einen klaren Beginn, einen Höhepunkt (in der Regel das Liebesversprechen und die besondere Einlage) und ein starkes Ende (der Empfang von euch in der Gemeinschaft) hat.

Checkliste der Eckdaten

Vorbereitungen für die Segenszeremonie/Hochzeitswiederholung am: …
Beginn: …
Dauer: …
Name des Paares: … (voller Name der Braut und des Bräutigams)
Adresse des Zeremonienortes: …
Ggf. Adresse für die anschließende Feier: …

Ggf. Namen der Eltern des Paares: …
Ggf. Namen der Kinder des Paares: …

Leitung: …

Namen der Trauzeugen:
Osten/Element Luft: …
Süden/Element Feuer: …
Westen/Element Wasser: …
Norden/Element Erde: …
Äther: …

Bei einem Treffen zur Vorbereitung der Zeremonie sollten Listen erstellt werden:

Was ist mitzubringen?

Zum Beispiel: Leis für das Brautpaar, Tücher/Bänder, ein Tablett mit 26 Teelichtern und einer Kerze für das Paar sowie besondere Kerzen für die Kinder, Räucherschalen, Papier d'Arménie, Rassel, Raumspray, Rosen, Musikanlage, Beamer, Laptop, Kabel, CD mit Bildern, eventuell Liedblätter

In welcher Reihenfolge werden die Lieder abgespielt?
Musik/Lied 1: …
Musik/Lied 2: …
Musik/Lied 3: …
Musik/Lied 4: …
Musik/Lied 5: …
Musik/Lied 6: …
Musik/Lied 7: …
Musik/Lied 8: …
Musik/Lied 9: …
Musik/Lied 10: …
…

Checkliste für die Vorbereitung der Zeremonie

- Soll vor der Segenszeremonie standesamtlich geheiratet werden?
- Zeitpunkt für die Zeremonie festlegen; soll die Zeremonie an einem besonderen, eventuell astrologisch berechneten Datum stattfinden?
- Zeremonieleiter bestimmen
- Auswahl der Trauzeugen (frühzeitig anfragen)
- abklären, ob die euch wichtigen Menschen teilnehmen können
- früh genug Termine einplanen mit euch, den Trauzeugen und dem Zeremonieleiter, um alles durchzusprechen und vorzubereiten
- gemeinsam eine Liste und einen Ablaufplan erstellen
- Kosten und Bezahlungen vorher klären, Budget festlegen
- Was ist der Braut wichtig?

- Was ist dem Bräutigam wichtig?
- Eckdaten festlegen: Uhrzeit, Rahmen, Ort, Motto
- Auswahl des Ortes: Was macht ihr bei schlechtem Wetter? Seht euch vorher den Platz genau an, und prüft, ob er für eure Zwecke geeignet ist. Fühlt in den Platz hinein, ob ihr erwünscht seid.
- Falls die Zeremonie im Freien stattfinden soll: Wem gehört der Platz? Müsst ihr jemanden um Erlaubnis bitten? Ist ein Feuer an einer gesicherten Stelle erlaubt?
- Wollt ihr den Ort schmücken? Wenn ja, wie, und wer macht das? Rechtzeitig das Material besorgen.
- Was braucht ihr für die einzelnen Elemente (Erde, Feuer, Wasser, Luft, Äther)?
- Wer bringt wann alles an den Platz?
- Altar vorbereiten
- Wünscht ihr euch Livemusik, oder soll die Musik vom Band abgespielt werden? Kümmert euch rechtzeitig darum. Braucht ihr Strom für die Musik?
- Essen bestellen
- Möchtet ihr Spiele auf eurer Hochzeit? Dann übergebt jemandem deren Planung. Wenn ihr keine möchtet, kommuniziert dies bitte auch klar!
- Ggf. Programmhefte oder Liedtexte für die Zeremonie gestalten und drucken
- Hochzeitstorte bestellen
- Frisur und Kosmetik auswählen (eventuell vorher zur Probe alles durchgehen: Hält die Frisur, und ist sie so, wie die Braut es sich vorgestellt hat? Fühlt sich die Braut mit dem Make-up wohl?)
- Brautkleid und Anzug auswählen: Geht auch hier früh genug auf die Suche, und probiert alles kurz vor der Hochzeit noch

einmal an. Es könnte ja sein, dass ihr ein paar Pfunde abgenommen oder zugelegt habt (nicht ungewöhnlich im Hochzeitsstress).

* Ringe aussuchen und ggf. gravieren lassen
* Gästeliste erstellen
* Einladungskarten gestalten und rechtzeitig versenden; falls erwünscht, mit Nennung des Mottos und der Bitte um Anmeldung; eventuell Anfahrtsskizze und Informationen zu Übernachtungsmöglichkeiten beilegen
* eventuell einen Hochzeitstisch (für Geschenke) organisieren oder eine andere Form von Geschenken wählen
* Hochzeitskerze besorgen
* Eheversprechen schreiben
* eventuell Geschenk für den Ehepartner besorgen
* Falls ihr euren Eltern bei der Hochzeit danken möchtet: Habt ihr auch hierfür ein kleines Geschenk besorgt?
* Zeitplan für die Zeremonie festlegen
* bei Erneuerung des Eheversprechens eventuell Fotos des bisherigen gemeinsamen Weges, der Kinder oder Projekte zusammenstellen
* Soll jemand bei der Hochzeit fotografieren oder filmen?
* Gibt es nach der Zeremonie einen kleinen Umtrunk? Wenn ja: Getränke, Tische und Bänke organisieren und abklären, wer ausschenkt.
* Bekommen die Gäste nach der Zeremonie ein kleines Geschenk? Wollt ihr vielleicht bei der anschließenden Feier ein Gästebuch durchgehen lassen?
* Hochzeitsreise planen

Checkliste für die Zeremonie

- Geschenke für die Eltern und Gäste bereithalten
- Eheversprechen aufschreiben und griffbereit haben
- den genauen Ablaufplan für die Segenszeremonie erstellen und prüfen, ob alles dazu vorhanden ist (Achtung – auf die Zeit achten!)
- Symbole für die Elemente vorbereiten
- eventuell Räucher- oder Duftessenz vorbereiten
- alles für die Musik organisieren (Tonträger, CD-Player, Instrumente, Noten)
- Taschentücher und eventuell Rescue-Tropfen bereithalten
- Kamera mit geladenem Akku und leerer Speicherkarte bereitlegen
- Glocke oder Gong für die Eröffnung und Schließung der Zeremonie bereitlegen

Nachwort von ...

Jeanne Ruland

Damit die Erinnerungen an die Segenszeremonie auch im Nachhinein nicht so schnell verblassen, ist es besonders schön, ein kleines Fotobüchlein von dem Tag zu erstellen. Ihr könnt euch nach einiger Zeit noch einmal mit den Anwesenden treffen, beisammensitzen und schauen, was sich seit der Segenszeremonie verändert hat. Die Rückmeldungen zu einer Segenszeremonie sind oft tief bewegend.

Ich finde es sehr wichtig, dass man zu Lebzeiten seinen Lieben von Herzen sagt, was man an ihnen schätzt, was sie an Gutem im Leben bewirken, was einem gutgetan hat, was man mit ihrer Hilfe meistern konnte und in welchen Angelegenheiten man sich verzeihen mag, woran man gewachsen ist und was man voneinander gelernt hat, wo man sich unterstützt und geliebt gefühlt hat. Diese Menschen sind an unserer Seite, und wir sollten nicht erst im Ableben bemerken, was sie uns bedeuten.

Liebe will sich verströmen und ausdrücken. Liebe mehrt sich, wenn wir sie miteinander und im Kreise unserer Lieben teilen. Die Blumen der Liebe sollten im Leben verschenkt werden, damit wir hier und heute daran Freude haben und von dieser Liebe getragen werden. Wertschätzung und Liebe heilen, sie erneuern sich und geben uns Kraft für alles, was noch kommen mag. Liebe ist die Kraft, die uns verbindet und in eine neue Zeit trägt. Möge die Liebe sich von Herz zu Herz ausdrücken, mögen wir uns mitteilen, möge sich diese Liebe immer mehr in allem und vor allem im Leben zeigen. Möge dieses Buch euch viele Impulse und Anregungen geben.

Aloha nui loa – Viel Segen
Jeanne Ruland

Sabine Brändle-Ender

Noch ein Hinweis: Bei dieser Form der Zeremonie, vor allem in Verbindung mit Naturwesen, kann es immer wieder einmal passieren, dass es zu kleinen, unvorhergesehenen Überraschungen kommt. Also seid offen für das, was kommt, und gespannt auf das, was euch begegnet. In diesem Sinne:

Viel Glück und Segen auf all euren Wegen.
Lasst die Liebe in eurem Herzen wachsen,
auf dass sie Früchte trage und sich vermehre
zum Wohle für euch und eure Umgebung …

In Liebe und Dankbarkeit
Sabine Brändle-Ender

Über die Autorinnen

Jeanne Ruland ist Autorin, Wegbereiterin in die Neue Zeit, Engelmedium, Lehrerin und internationale Seminarleiterin. Sie unterrichtet Natur-, Engel-, Meister- und Strahlenlehre, Huna sowie die Lehre der Heiligen Geometrie. Ihre Seminartätigkeit begann im Jahr 2000. Ihr fundiertes Wissen und ihre langjährige Erfahrung in der Energiearbeit gibt sie gern weiter, um zu erinnern und zu erwecken. Sie bietet außerdem internationale Reisen zu Kraftorten an. Ihre bekanntesten Werke sind: »Das Geheimnis der Rauhnächte«, »Das große Buch der Engel«, »Die lichte Kraft der Engel«, »Die Gegenwart der Meister«, »Krafttiere begleiten dein Leben«, »ALOHA – Gelebte Liebe«, »Maria Magdalena« sowie Bücher, CDs und Kartensets zum Thema »Heilige Geometrie«.

www.shantila.de

Sabine Brändle-Ender ist Mutter einer Tochter, verheiratet und lebt in Österreich am Bodensee. Ihr beruflicher Weg führte sie durch die klassischen Berufsbilder der kaufmännischen Tätigkeiten. Bereits in ihrer Jugend interessierte sie sich für Dinge, die außerhalb des Alltäglichen und Sichtbaren liegen. So begann sie schon früh, Antworten auf existenzielle Fragen zu suchen. Auf ihrem Weg lernte sie verschiedene energetische Techniken und Methoden kennen, mit denen die Selbstheilung aktiviert werden kann. Weitere metaphysische und schamanische Ausbildungen waren Wendepunkte in ihrem Leben. Heute gibt sie ihr gelerntes und gelebtes Wissen als Mentaltrainerin und Energetikerin in ihrer eigenen Praxis weiter. Sie unterstützt Menschen auf dem Weg zu sich selbst.

www.energetischebalance.at

Adressen

Im Folgenden findet ihr einige Adressen von Menschen, die Segenszeremonien leiten.

* Sabrina und Marcel Dengel: www.trafo.or.at
* Shantidevi Felgenhauer: www.shantidevi.de
* Antara Reimann: www.lichtfocus.de
* Anne-Mareike und Wibke-Martina Schultz: www.naturheilpraxis-schultz.de

Danke für deine REZENSION

– Gemeinsam sind wir mehr –

Liebe Leserin, lieber Leser,
von Herzen danken wir dir, dass du dieses Buch in den Händen hältst und es bis zum Ende gelesen hast. Das bedeutet uns, dem Schirner Verlag und seinen Autoren, sehr viel. Aus voller Überzeugung und mit Hingabe widmen wir uns seit vielen Jahren Themen, die unser aller Lebensqualität und Bewusstwerdung dienlich sind, und hoffen, einen Beitrag für eine lichtvollere Welt leisten zu können. Wenn dir unsere Arbeit gefällt, möchten wir dich bitten, dir einige Minuten Zeit zu nehmen, um dieses Buch zu rezensieren. Warum? Die meisten Menschen lesen Rezensionen, bevor sie ein Buch kaufen, da sie hierdurch einen Eindruck bekommen, ob und wie der Inhalt des Buches den Leser erreicht hat. Eine kurze Rezension ist dabei ebenso hilfreich wie eine lange, sehr ausführliche. Um es auf den Punkt zu bringen:

Eine Rezension ist heutzutage die beste Werbung für ein Autorenwerk!

Wenn du den Schirner Verlag und seine Autoren neben dem Buchkauf auch anderweitig unterstützen willst, dann bitten wir dich: Schreibe für jedes Werk eine Rezension – vielleicht als persönliche Leseempfehlung für die Buchhandlung in deiner Nähe oder online, z. B. beim Schirner Verlag. Das wäre nicht nur eine Wertschätzung für die Autoren, sondern kann dazu beitragen, dass die Verkaufszahlen steigen und der Schirner Verlag auch in herausfordernden Zeiten Bestand hat.

WIE SCHREIBT MAN EINE REZENSION?

Grundsätzlich sollte eine Rezension aus der eigenen, subjektiven Sicht geschrieben werden, da es sich um eine persönliche Meinung handelt. Du kannst in zwei Sätzen deine Gedanken zu dem Buch äußern oder eine längere Rezension verfassen. Falls du nicht weißt, wie du beginnen sollst, hier ein paar Anregungen:

- War das Buch leicht verständlich geschrieben? Wie hat dir die Sprache gefallen? Wie empfandest du die Aufteilung der verschiedenen Themen?
- War es unterhaltsam? War es deiner Meinung nach mit Herzblut und Liebe geschrieben? Wie hat es auf dich gewirkt?
- Hat es dein Herz berührt? Konntest du dich wiederfinden?
- War es tief greifend genug? Hast du viel Neues gelernt?
- Hat es gehalten, was der Titel und die Buchbeschreibung versprochen haben? Hat es deine Erwartungen erfüllt?
- Was macht das Buch besonders? Warum sticht es heraus im Vergleich zu anderen Büchern, die ein ähnliches Thema behandeln?
- Würdest du das Buch weiterempfehlen oder verschenken?

Bildnachweis

Bilder von der Bilddatenbank www.shutterstock.com:

Schmuckelemente auf allen Seiten: Hintergrund am oberen Seitenrand: # 219236281 (© Feaspb), Hintergrund am unteren Seitenrand und Glitzer auf Bildern: # 526435963 (© Zodar), Blüten: # 1799931493 (© Alewiena_design), Herzen groß: # 579272470 (© Tatyana Okhitina), Herzen klein: # 725651446 (© Rebellion Works)

Weitere Bilder: S.8: # 1528981346 (© kazuya goto), S.11: # 530078509 (© b-hide the scene), S.13: # 1735951943 (© PhotoLohi), S.16/17: # 374223574 (© MaxSobeh), S.18: # 1715863759 (© shevtsovy), S.22: # 1782789422 (© ShineTerra), S.25: # 1734266864 (© nadtochiy), S.29: # 717437272 (© Halfpoint), S.30: # 1484310821 (© Maridav), S.33: # 168554693 (© EpicStockMedia), S.34: # 768625207 (© popcorner), S.40: # 1056741347 (© CoralAntlerCreative), S.41: # 1270386853 (© kckate16), S.42: # 1145954276 (© Dmitry Galaganov), S.43: # 1028057428 (© Halfpoint), S.45: # 1860875815 (© gerasimov_foto_174), S.46: # 1177267516 (© Rawpixel.com), S.48: # 469440449 (© IgorAleks), S.49: # 1031107999 (© Pavlo Melnyk), S.52: # 422494303 (© Floral Deco), S.54/55: # 1715865103 (© shevtsovy), S.56: # 1027725397 (© Prostock-studio), S.57: # 1116595883 (© Rawpixel.com), S.58: # 1691169019 (© PhotoSunnyDays), S.59: # 683478784 (© Benevolente82), S.60: # 1815214742 (© Kateryna Artsybasheva), S.62: # 1192941544 (© Rawpixel.com), S.64: # 437946520 (© Oleksandr Kavun), S.65: # 149934743 (© A StockStudio), S.66: # 1692974905 (© Pavlo Melnyk), S.68: # 769737673 (© Myroslava Malovana), S.72: # 1260466324 (© Anton Brehov), S.74/75: # 1707992743 (© Wedding and lifestyle), S.76: # 578498326 (© Julia Sudnitskaya), S.78: # 1569411907 (© Hazal Ak), S.80: # 1097633639 (© Halfpoint), S.81: # 2926472 (© Thomas Bedenk), S.82: # 504341854 (© MNStudio), S.89: # 1379890178 (© Shchus), S.91: # 444866155 (© Alex Gukalov), S.106/107: # 1127180153 (© Makistock), S.108: # 378245161 (© nadtochiy), S.110: # 1450712996 (© Lupulupupu), S.111: # 444866194 (© Alex Gukalov), S.112: # 787097890 (© vectorfusionart), S.114/115: # 1025038987 (© Prostock-studio), S.117: # 559683925 (© Africa Studio), S.118: # 293125280 (© A3pfamily), S.121: # 1085104277 (© Alina Demidenko)

Autorenbild von Jeanne Ruland (S.124): © drastique